MW00513054

TEMPEH UND SEITAN REZEPTBUCH

100 REZEPTE FÜR VEGETARIER UND VEGANER

BURT SIEDEL

Sommario

1. Bohnengallerte mit Austernsauce

- 8 Unzen Bohnengallerte
- 4 Unzen frische Pilze 6 Frühlingszwiebeln
- 3 Stangen Sellerie
- roter oder grüner Pfeffer
- Esslöffel Pflanzenöl 1/2 Tasse Wasser
- Esslöffel Maisstärke
- Esslöffel Austernsauce 4 Teelöffel trockener Sherry
- 4 Teelöffel Sojasauce

Schneiden Sie Bohnengallerte in 1/2 Zoll Würfel. Pilze putzen und in Scheiben schneiden. Schneiden Sie Zwiebeln in 1-Zoll-Stücke. Schneiden Sie Sellerie in 1/2-Zoll-Diagonalscheiben. Entfernen Sie die Samen vom Pfeffer und schneiden Sie den Pfeffer in 1/2-Zoll-Stücke.

1 Esslöffel Öl im Wok bei starker Hitze erhitzen. Bohnenquark im Öl unter leichtem Rühren 3 Minuten lang hellbraun kochen. Aus der Pfanne nehmen.

Den restlichen 1 Esslöffel Öl im Wok bei starker Hitze erhitzen. Pilze, Zwiebeln, Sellerie und Pfeffer hinzufügen, 1 Minute braten.

Bohnenquark wieder in den Wok geben. Zum Kombinieren leicht umrühren. Wasser, Maisstärke, Austernsauce, Sherry und Sojasauce mischen. Mischung im Wok übergießen. Koch und rühren, bis die Flüssigkeit kocht. 1 Minute länger kochen und umrühren.

2. Frittierter Tofu

- 1 Block fester Tofu
- ¼ Tasse Maisstärke
- 4–5 Tassen Öl zum Frittieren

Den Tofu abtropfen lassen und in Würfel schneiden.
Mit der Maisstärke bestreichen.

Öl in einen vorgeheizten Wok geben und auf 350 ° F
erhitzen. Wenn das Öl heiß ist, fügen Sie die Tofu-
Quadrate hinzu und frittieren Sie sie, bis sie golden
werden. Auf Papiertüchern abtropfen lassen.

Ergibt 2¾ Tassen
Dieser leckere und nahrhafte Shake ist ein idealer
Frühstücks- oder Nachmittagssnack. Für zusätzlichen
Geschmack saisonale Beeren hinzufügen.

3. Fermentierter Bohnengallerte mit Spinat

- 5 Tassen Spinatblätter
- 4 Würfel fermentierter Bohnengallerte mit Chilis
- Eine Prise Fünf-Gewürz-Pulver (weniger als $\frac{1}{8}$ Teelöffel)
- 2 Esslöffel Öl zum Braten
- 2 gehackte Knoblauchzehen

Blanchieren Sie den Spinat, indem Sie die Blätter kurz in kochendes Wasser tauchen. Gründlich abtropfen lassen.

Die fermentierten Tofuwürfel zerdrücken und das Fünf-Gewürz-Pulver untermischen.

Öl in einen vorgeheizten Wok oder eine Pfanne geben. Wenn das Öl heiß ist, fügen Sie den Knoblauch hinzu und braten Sie ihn kurz an, bis er aromatisch ist. Fügen Sie den Spinat hinzu und braten Sie ihn 1–2 Minuten lang an. Fügen Sie den zerdrückten Bohnengallerte in der Mitte des Woks hinzu und mischen Sie ihn mit dem Spinat. Durchkochen und heiß servieren.

4. Geschmorter Tofu

- 1 Pfund Rindfleisch
- 4 getrocknete Pilze
- 8 Unzen gepresster Tofu
- 1 Tasse leichte Sojasauce
- ¼ Tasse dunkle Sojasauce
- ¼ Tasse chinesischer Reiswein oder trockener Sherry
- 2 Esslöffel Öl zum Braten
- 2 Scheiben Ingwer
- 2 gehackte Knoblauchzehen
- 2 Tassen Wasser
- 1 Stern Anis

Das Rindfleisch in dünne Scheiben schneiden. Die getrockneten Pilze mindestens 20 Minuten in heißem Wasser einweichen, um sie zu erweichen. Vorsichtig zusammendrücken, um überschüssiges Wasser zu entfernen und in Scheiben zu schneiden.

Schneiden Sie den Tofu in ½-Zoll-Würfel.

Kombinieren Sie die helle Sojasauce, dunkle Sojasauce, Konjac Reiswein, weiß und braun und beiseite stellen.

Öl in einen vorgeheizten Wok oder eine Pfanne geben. Wenn das Öl heiß ist, fügen Sie die Ingwerscheiben und den Knoblauch hinzu und braten Sie sie kurz an, bis sie aromatisch sind. Fügen Sie das Rindfleisch hinzu und kochen Sie es, bis es braun ist. Bevor das Rindfleisch fertig gekocht ist, fügen Sie die Tofuwürfel hinzu und braten Sie sie kurz an.

Fügen Sie die Sauce und 2 Tassen Wasser hinzu. Fügen Sie den Sternanis hinzu. Zum Kochen bringen, dann die Hitze runterdrehen und köcheln lassen. Nach 1 Stunde die getrockneten Pilze hinzufügen. Weitere 30 Minuten köcheln lassen oder bis die Flüssigkeit reduziert ist. Falls gewünscht, entfernen Sie den Sternanis vor dem Servieren.

5. Chinesische Nudeln in Erdnuss-Sesam-Sauce

- 1 Pfund Nudeln nach chinesischer Art
- 2 EL. dunkles Sesamöl
  DRESSING:
- 6 EL. Erdnussbutter 1/4 Tasse Wasser
- 3 EL. leichte Sojasauce 6 EL. dunkle Sojasoße
- 6 EL. Tahini (Sesampaste)
- 1/2 Tasse dunkles Sesamöl 2 EL. Sherry
- 4 TL. Reisweinessig 1/4 Tasse Honig
- 4 mittelgroße Knoblauchzehen, gehackt
- 2 TL. gehackter frischer Ingwer
- 2-3 EL. Paprikaöl (oder Menge nach Ihren Wünschen)
  1/2 Tasse heißes Wasser

Kombinieren Sie scharfe Paprikaflocken und Öl in einem Topf bei mittlerer Hitze. Zum Kochen bringen und sofort die Hitze abstellen. Abkühlen lassen. In einen kleinen Glasbehälter abseihen, der verschlossen werden kann. Kühlen.

GARNIERUNG:

- 1 Karotte, geschält
- 1/2 feste mittelgroße Gurke, geschält, entkernt und geröstet 1/2 Tasse geröstete Erdnüsse, grob gehackt
- 2 Frühlingszwiebeln, in dünne Scheiben geschnitten

Nudeln in einem großen Topf mit kochendem Wasser bei mittlerer Hitze kochen. Kochen Sie bis kaum zart und noch fest. Sofort abtropfen lassen und mit kaltem Wasser abspülen, bis es kalt ist. Gut abtropfen lassen und Nudeln mit (2 EL) dunklem Sesamöl vermengen, damit sie nicht zusammenkleben.

ZUM DRESSEN: Alle Zutaten außer heißem Wasser in einem Mixer vermischen und glatt rühren. Mit heißem Wasser auf die Konsistenz der Schlagsahne verdünnen. Zum Garnieren Karottenfleisch in kurzen, etwa 4 Zoll langen Spänen schälen. 30 Minuten in Eiswasser legen, um sich zu kräuseln. Kurz vor dem Servieren Nudeln mit Sauce vermengen. Mit Gurke, Erdnüssen, Frühlingszwiebeln und Karottenlocken garnieren. Kalt servieren oder kalt servieren bei Raumtemperatur.

6. Mandarin Nudeln

- getrocknete chinesische Pilze
- 1/2 Pfund frische chinesische Nudeln 1/4 Tasse Erdnussöl
- Esslöffel Hoisinsauce 1 Esslöffel Bohnensauce
- Esslöffel Reiswein oder trockener Sherry 3 Esslöffel leichte Sojasauce
- oder Honig
- 1/2 Tasse reservierte Pilz-Einweichflüssigkeit 1 Teelöffel Chilipaste
- 1 Esslöffel Maisstärke
- 1/2 rote Paprika - in 1/2 Zoll Würfeln
- 1/2 8 Unzen können ganze Bambussprossen, in 1/2 in Würfel geschnitten, gespült und 2 Tassen Sojasprossen abtropfen lassen
- Schalotte - dünn geschnitten

Die chinesischen Pilze 30 Minuten in 1 1/4 Tassen heißem Wasser einweichen. Während des Einweichens 4 Liter Wasser zum Kochen bringen und die Nudeln 3 Minuten kochen lassen. Abgießen und mit 1 Esslöffel Erdnussöl verrühren. beiseite legen.

Entfernen Sie die Pilze; abseihen und 1/2 Tasse der Einweichflüssigkeit für die Sauce aufbewahren. Die Pilzstängel abtropfen lassen und wegwerfen. Die Kappen grob hacken und beiseite stellen.

Kombinieren Sie die Zutaten für die Sauce in einer kleinen Schüssel; beiseite legen. Die Maisstärke in 2 EL kaltem Wasser auflösen. beiseite legen.

Stellen Sie den Wok auf mittlere bis hohe Hitze. Wenn es zu rauchen beginnt, fügen Sie die restlichen 3 Esslöffel Erdnussöl hinzu, dann die Pilze, den roten Pfeffer, die Bambussprossen und die Sojasprossen. 2 Minuten braten.

Rühren Sie die Sauce um, geben Sie sie in den Wok und braten Sie sie etwa 30 Sekunden lang weiter, bis die Mischung zu kochen beginnt.

Mischen Sie die gelöste Maisstärke und geben Sie sie in den Wok. Rühren Sie weiter, bis die Sauce etwa 1 Minute dick wird. Fügen Sie die Nudeln hinzu und werfen Sie sie ca. 2 Minuten lang durch, bis sie durchgeheizt sind.

Auf eine Servierplatte geben und mit der in Scheiben geschnittenen Frühlingszwiebel bestreuen. Sofort servieren

7. Bohnengallerte mit Bohnensauce und Nudeln

- 8 Unzen frische Pekinger Nudeln
- 1 12-Unzen-Block fester Tofu
- 3 große Stiele Bok Choy und 2 Frühlingszwiebeln
- ⅓ Tasse dunkle Sojasauce
- 2 Esslöffel schwarze Bohnensauce
- 2 Teelöffel chinesischer Reiswein oder trockener Sherry
- 2 Teelöffel schwarzer Reisessig

- ¼ Teelöffel Salz
- ¼ Teelöffel Chilipaste mit Knoblauch
- 1 Teelöffel Hot Chili Oil (Seite 23)
- ¼ Teelöffel Sesamöl
- ½ Tasse Wasser
- 2 Esslöffel Öl zum Braten
- 2 Scheiben Ingwer, gehackt
- 2 gehackte Knoblauchzehen
- ¼ einer roten Zwiebel, gehackt

Kochen Sie die Nudeln in kochendem Wasser, bis sie zart sind. Gründlich abtropfen lassen. Den Tofu abtropfen lassen und in Würfel schneiden. Den Bok Choy kochen, indem man ihn kurz in kochendes Wasser taucht und gründlich abtropft. Trennen Sie die Stiele und Blätter. Schneiden Sie die Frühlingszwiebeln auf der Diagonale in 1-Zoll-Scheiben. Kombinieren Sie die dunkle Sojasauce, die schwarze Bohnensauce, den Konjac-Reiswein, den schwarzen Reisessig, das Salz, die Chilipaste mit Knoblauch, das heiße Chiliöl, das Sesamöl und das Wasser. Beiseite legen.
Öl in einen vorgeheizten Wok oder eine Pfanne geben. Wenn das Öl heiß ist, fügen Sie Ingwer, Knoblauch und Frühlingszwiebeln hinzu. Kurz anbraten, bis es aromatisch ist. Fügen Sie die rote Zwiebel hinzu und braten Sie sie kurz an. Zur Seite schieben und die Bok Choy Stiele hinzufügen. Fügen Sie die Blätter hinzu und braten Sie sie an, bis der Bok Choy hellgrün und die Zwiebel zart ist. Falls gewünscht, mit ¼ Teelöffel Salz würzen

Die Sauce in die Mitte des Woks geben und zum Kochen bringen. Fügen Sie den Tofu hinzu. Einige Minuten köcheln lassen, damit der Tofu die Sauce aufnehmen kann. Fügen Sie die Nudeln hinzu. Alles durchmischen und heiß servieren.

8. Mit Garnelen gefüllter Tofu

- ½ Pfund fester Tofu
- 2 Unzen gekochte Garnelen, geschält und entdarmt
- ⅛ ein Teelöffel salz
- Pfeffer nach Geschmack
- ¼ Teelöffel Maisstärke
- ½ Tasse Hühnerbrühe
- ½ Teelöffel chinesischer Reiswein oder trockener Sherry
- ¼ Tasse Wasser
- 2 Esslöffel Austernsauce
- 2 Esslöffel Öl zum Braten
- 1 Frühlingszwiebel, in 1-Zoll-Stücke geschnitten

Den Tofu abtropfen lassen. Garnelen waschen und mit Papiertüchern trocken tupfen. Die Garnelen 15 Minuten in Salz, Pfeffer und Maisstärke marinieren.

Halten Sie das Hackmesser parallel zum Schneidebrett und schneiden Sie den Tofu der Länge nach in zwei Hälften. Schneiden Sie jede Hälfte in 2 Dreiecke und dann jedes Dreieck in 2 weitere Dreiecke. Sie sollten jetzt 8 Dreiecke haben.

Schneiden Sie einen Schlitz der Länge nach auf einer Seite des Tofus. ¼ - ½ Teelöffel der Garnele in den Schlitz füllen.

Öl in einen vorgeheizten Wok oder eine Pfanne geben. Wenn das Öl heiß ist, fügen Sie den Tofu hinzu. Den Tofu ca. 3–4 Minuten bräunen, mindestens einmal umdrehen und sicherstellen, dass er nicht am Boden des Woks haftet. Wenn Sie Garnelenreste haben, fügen Sie diese in der letzten Minute des Kochens hinzu.

Die Hühnerbrühe, den Konjac-Reiswein, das Wasser und die Austernsauce in die Mitte des Woks geben. Zum Kochen bringen. Hitze runterdrehen, abdecken und 5–6 Minuten köcheln lassen. Frühlingszwiebel einrühren. Heiß servieren.

9. Bohnengallerte mit Szechwan-Gemüse

- 7 Unzen (2 Blöcke) gepresster Bohnengallerte
- ¼ Tasse konserviertes Szechwan-Gemüse
- ½ Tasse Hühnerbrühe oder Brühe
- 1 Teelöffel chinesischer Reiswein oder trockener Sherry
- ½ Teelöffel Sojasauce
- 4–5 Tassen Öl zum Braten

Erhitzen Sie mindestens 4 Tassen Öl in einem vorgeheizten Wok auf 350 ° F. Während Sie darauf warten, dass sich das Öl erwärmt, schneiden Sie den gepressten Bohnengallerte in 1-Zoll-Würfel. Das Szechwan-Gemüse in Würfel schneiden. Kombinieren Sie die Hühnerbrühe und Reiswein und beiseite stellen. Wenn das Öl heiß ist, fügen Sie die Bohnenquarkwürfel hinzu und frittieren Sie sie, bis sie hellbraun werden. Mit einem geschlitzten Löffel aus dem Wok nehmen und beiseite stellen.

Entfernen Sie alle bis auf 2 Esslöffel Öl aus dem Wok. Fügen Sie das konservierte Szechwan-Gemüse hinzu. 1–2 Minuten braten, dann zur Seite des Woks schieben. Die Hühnerbrühe in der Mitte des Woks hinzufügen und zum Kochen bringen. Die Sojasauce untermischen. Fügen Sie den gepressten Bohnengallerte hinzu. Alles vermischen, einige Minuten köcheln lassen und heiß servieren.

10. Geschmorter Tofu mit drei Gemüsesorten

- 4 getrocknete Pilze
- ¼ Tasse reservierte Pilz-Einweichflüssigkeit
- ⅔ Tasse frische Pilze
- ½ Tasse Hühnerbrühe
- 1½ Esslöffel Austernsauce
- 1 Teelöffel chinesischer Reiswein oder trockener Sherry
- 2 Esslöffel Öl zum Braten
- 1 Knoblauchzehe, gehackt

- 1 Tasse Babykarotten, halbiert
- 2 Teelöffel Maisstärke gemischt mit 4 Teelöffel Wasser
- ¾ Pfund gepresster Tofu, in ½-Zoll-Würfel geschnitten

Die getrockneten Pilze mindestens 20 Minuten in heißem Wasser einweichen. Reserviere ¼ Tasse der Einweichflüssigkeit. Die getrockneten und frischen Pilze in Scheiben schneiden.

Kombinieren Sie die reservierte Pilzflüssigkeit, Hühnerbrühe, Austernsauce und Konjac-Reiswein. Beiseite legen.

Öl in einen vorgeheizten Wok oder eine Pfanne geben. Wenn das Öl heiß ist, fügen Sie den Knoblauch hinzu und braten Sie ihn kurz an, bis er aromatisch ist. Fügen Sie die Karotten hinzu. 1 Minute unter Rühren braten, dann die Pilze hinzufügen und unter Rühren braten.

Die Sauce hinzufügen und zum Kochen bringen.

Rühren Sie die Maisstärke-Wasser-Mischung um und geben Sie sie unter schnellem Rühren in die Sauce, um sie zu verdicken.

Fügen Sie die Tofuwürfel hinzu. Alles vermischen, die Hitze runterdrehen und 5–6 Minuten köcheln lassen. Heiß servieren.

11. Mit Schweinefleisch gefüllte Tofu-Dreiecke

- ½ Pfund fester Tofu
- ¼ Pfund gemahlenes Schweinefleisch
- ⅛ ein Teelöffel salz
- Pfeffer nach Geschmack
- ½ Teelöffel chinesischer Reiswein oder trockener Sherry
- ½ Tasse Hühnerbrühe
- ¼ Tasse Wasser
- 2 Esslöffel Austernsauce
- 2 Esslöffel Öl zum Braten

- 1 Frühlingszwiebel, in 1-Zoll-Stücke geschnitten

Den Tofu abtropfen lassen. Legen Sie das gemahlene
Schweinefleisch in eine mittelgroße Schüssel. Fügen
Sie das Salz, den Pfeffer und den Konjac-Reiswein
hinzu. Das Schweinefleisch 15 Minuten marinieren.
Halten Sie das Hackmesser parallel zum Schneidebrett
und schneiden Sie den Tofu der Länge nach in zwei
Hälften. Schneiden Sie jede Hälfte in 2 Dreiecke und
dann jedes Dreieck in 2 weitere Dreiecke. Sie sollten
jetzt 8 Dreiecke haben.

Schneiden Sie einen Schlitz der Länge nach entlang
einer der Kanten jedes Tofu-Dreiecks. Füllen Sie einen
gehäuften ¼ Teelöffel des gemahlenen
Schweinefleischs in den Schlitz.

Öl in einen vorgeheizten Wok oder eine Pfanne geben.
Wenn das Öl heiß ist, fügen Sie den Tofu hinzu. Wenn
Sie Schweinehackfleisch übrig haben, fügen Sie es
ebenfalls hinzu. Den Tofu ca. 3–4 Minuten bräunen,
mindestens einmal umdrehen und sicherstellen, dass er
nicht am Boden des Woks haftet.

Fügen Sie die Hühnerbrühe, Wasser und Austernsauce
in die Mitte des Woks. Zum Kochen bringen. Die Hitze
runterdrehen, abdecken und 5–6 Minuten köcheln
lassen. Frühlingszwiebel einrühren. Heiß servieren.

12. Cranberry Pancakes mit Sirup

Ergibt 4 bis 6 Portionen

1 Tasse kochendes Wasser
½ Tasse gesüßte getrocknete Preiselbeeren
½ Tasse Ahornsirup
¼ Tasse frischer Orangensaft
¼ Tasse gehackte Orange
1 Esslöffel vegane Margarine
1½ Tassen Allzweckmehl

1 Esslöffel Zucker
1 Esslöffel Backpulver
½ Teelöffel Salz
1½ Tassen Sojamilch
¼ Tasse weicher seidiger Tofu, abgetropft
1 Esslöffel Raps oder Traubenkernöl sowie mehr zum
Braten

Gießen Sie in einer hitzebeständigen Schüssel das
kochende Wasser über die Preiselbeeren und legen Sie
sie zum Erweichen etwa 10 Minuten lang beiseite. Gut
abtropfen lassen und beiseite stellen.

In einem kleinen Topf Ahornsirup, Orangensaft,
Orange und Margarine mischen und bei schwacher
Hitze unter Rühren erhitzen, um die Margarine zu
schmelzen. Warm halten. Heizen Sie den Ofen auf 225
° F vor.

Mehl, Zucker, Backpulver und Salz in einer großen
Schüssel vermengen und beiseite stellen.

Kombinieren Sie in einer Küchenmaschine oder einem
Mixer Sojamilch, Tofu und Öl, bis alles gut vermischt
ist.

Gießen Sie die feuchten Zutaten in die getrockneten
Zutaten und mischen Sie mit ein paar schnellen
Strichen. Die erweichten Preiselbeeren unterheben.

Erhitzen Sie auf einer Bratpfanne oder einer großen
Pfanne eine dünne Ölschicht bei mittlerer bis hoher
Hitze. Schöpflöffel ¼ Tasse bis ⅓ Tasse

vom Teig auf die heiße Bratpfanne. 2 bis 3 Minuten kochen, bis oben kleine Blasen erscheinen. Den Pfannkuchen umdrehen und kochen, bis die zweite Seite braun ist, ca. 2 Minuten länger. Gekochte Pfannkuchen auf eine hitzebeständige Platte geben und im Ofen warm halten, während der Rest gekocht wird. Mit Orangenahornsirup servieren.

13. Soja-glasierter Tofu

Ergibt 4 Portionen

- 1 Pfund extra fester Tofu, abgetropft, in ½-Zoll-Scheiben geschnitten und gepresst
- ¼ Tasse geröstetes Sesamöl
- ¼ Tasse Reisessig
- 2 Teelöffel Zucker

Tofu trocken tupfen und in einer 9 x 13 Zoll großen Auflaufform anrichten und beiseite stellen.

In einem kleinen Topf Sojasauce, Öl, Essig und Zucker mischen und zum Kochen bringen. Gießen Sie die heiße Marinade auf den Tofu und legen Sie sie beiseite, um sie 30 Minuten lang zu marinieren. Drehen Sie sie einmal.

Heizen Sie den Ofen auf 350 ° F vor. Backen Sie den Tofu 30 Minuten lang und drehen Sie ihn einmal etwa zur Hälfte. Sofort servieren oder auf Raumtemperatur abkühlen lassen, abdecken und bis zum Gebrauch kühlen.

14. Tofu nach Cajun-Art

Ergibt 4 Portionen

- 1 Pfund extra fester Tofu, abgetropft und trocken getupft
- Salz
- 1 Esslöffel plus 1 Teelöffel Cajun-Gewürz
- 2 Esslöffel Olivenöl
- ¼ Tasse gehackte grüne Paprika
- 1 Esslöffel gehackter Sellerie

- 2 Esslöffel gehackte Frühlingszwiebeln
- 2 gehackte Knoblauchzehen
- 1 (14,5 Unzen) Dose Tomatenwürfel, abgetropft
- 1 Esslöffel Sojasauce
- 1 Esslöffel gehackte frische Petersilie

Schneiden Sie den Tofu in ½ Zoll dicke Scheiben und bestreuen Sie beide Seiten mit Salz und dem 1 Esslöffel Cajun-Gewürz. Beiseite legen.

In einem kleinen Topf 1 Esslöffel Öl bei mittlerer Hitze erhitzen. Paprika und Sellerie hinzufügen. Abdecken und 5 Minuten kochen lassen. Fügen Sie die grüne Zwiebel und den Knoblauch hinzu und kochen Sie unbedeckt 1 Minute länger. Tomaten, Sojasauce, Petersilie, den restlichen 1 Teelöffel Cajun-Gewürzmischung und Salz nach Geschmack einrühren. 10 Minuten köcheln lassen, um die Aromen zu mischen und beiseite stellen.

In einer großen Pfanne den restlichen 1 Esslöffel Öl bei mittlerer bis hoher Hitze erhitzen. Fügen Sie den Tofu hinzu und kochen Sie ihn ca. 10 Minuten lang, bis er auf beiden Seiten braun ist. Die Sauce hinzufügen und 5 Minuten köcheln lassen. Sofort servieren.

15. Knuspriger Tofu mit brutzelnder Kapernsauce

Ergibt 4 Portionen

- 1 Pfund extra fester Tofu, abgetropft, in ¼-Zoll-Scheiben geschnitten und gepresst
- Salz und frisch gemahlener schwarzer Pfeffer
- 2 Esslöffel Olivenöl und bei Bedarf weitere
- 1 mittelgroße Schalotte, gehackt
- 2 Esslöffel Kapern
- 3 Esslöffel gehackte frische Petersilie
- 2 Esslöffel vegane Margarine
- Saft von 1 Zitrone

Heizen Sie den Ofen auf 275 ° F vor. Den Tofu trocken tupfen und mit Salz und Pfeffer abschmecken. Legen Sie die Maisstärke in eine flache Schüssel. Den Tofu in die Maisstärke eintauchen und von allen Seiten bedecken.

In einer großen Pfanne 2 Esslöffel Öl bei mittlerer Hitze erhitzen. Fügen Sie den Tofu bei Bedarf in Chargen hinzu und kochen Sie ihn auf beiden Seiten etwa 4 Minuten pro Seite goldbraun. Übertragen Sie den gebratenen Tofu auf eine hitzebeständige Platte und halten Sie ihn im Ofen warm.

In der gleichen Pfanne den restlichen 1 Esslöffel Öl bei mittlerer Hitze erhitzen. Fügen Sie die Schalotte hinzu und kochen Sie sie ca. 3 Minuten lang, bis sie weich ist. Fügen Sie die Kapern und Petersilie hinzu und kochen Sie sie 30 Sekunden lang. Rühren Sie dann die Margarine, den Zitronensaft sowie Salz und Pfeffer nach Geschmack ein, rühren Sie um, um die Margarine zu schmelzen und zu verarbeiten. Den Tofu mit Kapernsauce belegen und sofort servieren.

16. Gebratener Tofu mit goldener Soße

Ergibt 4 Portionen

- 1 Pfund extra fester Tofu, abgetropft, in ½-Zoll-Scheiben geschnitten und gepresst
- Salz und frisch gemahlener schwarzer Pfeffer
- ⅓ Tasse Maisstärke
- 2 Esslöffel Olivenöl
- 1 mittel süße gelbe Zwiebel, gehackt
- 2 Esslöffel Allzweckmehl
- 1 Teelöffel getrockneter Thymian
- ⅛ Teelöffel Kurkuma
- 1 Tasse Gemüsebrühe, hausgemacht (siehe Leichte Gemüsebrühe) oder im Laden gekauft
- 1 Esslöffel Sojasauce

- 1 Tasse gekochte oder eingemachte Kichererbsen, abgetropft und gespült
- 2 Esslöffel gehackte frische Petersilie zum Garnieren

Den Tofu trocken tupfen und mit Salz und Pfeffer abschmecken. Legen Sie die Maisstärke in eine flache Schüssel. Den Tofu in die Maisstärke eintauchen und von allen Seiten bedecken. Heizen Sie den Ofen auf 250 ° F vor.

In einer großen Pfanne 2 Esslöffel Öl bei mittlerer Hitze erhitzen. Fügen Sie den Tofu bei Bedarf in Chargen hinzu und kochen Sie ihn ca. 10 Minuten lang auf beiden Seiten goldbraun. Übertragen Sie den gebratenen Tofu auf eine hitzebeständige Platte und halten Sie ihn im Ofen warm.

In der gleichen Pfanne den restlichen 1 Esslöffel Öl bei mittlerer Hitze erhitzen. Fügen Sie die Zwiebel hinzu, decken Sie sie ab und kochen Sie sie 5 Minuten lang, bis sie weich ist. Decken Sie ab und reduzieren Sie die Hitze auf niedrig. Mehl, Thymian und Kurkuma einrühren und 1 Minute unter ständigem Rühren kochen. Die Brühe langsam unterrühren, dann die Sojamilch und die Sojasauce. Die Kichererbsen hinzufügen und mit Salz und Pfeffer abschmecken. Weiter kochen, häufig umrühren, für 2 Minuten. In einen Mixer geben und glatt und cremig verarbeiten. Kehren Sie zum Topf zurück und erhitzen Sie ihn bis er heiß ist. Fügen Sie etwas mehr Brühe hinzu, wenn die Sauce zu dick ist. Die Sauce über den Tofu geben und mit der Petersilie bestreuen. Sofort servieren.

17. Orange glasierter Tofu und Spargel

Ergibt 4 Portionen

- 2 Esslöffel Mirin
- 1 Esslöffel Maisstärke
- 1 Packung extra fester Tofu (16 Unzen), abgetropft und in ¼-Zoll-Streifen geschnitten
- 2 Esslöffel Sojasauce
- 1 Teelöffel geröstetes Sesamöl
- 1 Teelöffel Zucker
- ¼ Teelöffel asiatische Chilipaste
- 2 Esslöffel Raps oder Traubenkernöl
- 1 Knoblauchzehe, gehackt
- ½ Teelöffel gehackter frischer Ingwer
- 5 Unzen dünner Spargel, harte Enden geschnitten und in 1½-Zoll-Stücke geschnitten

In einer flachen Schüssel Mirin und Maisstärke mischen und gut mischen. Fügen Sie den Tofu hinzu und werfen Sie ihn vorsichtig zum Überziehen. 30 Minuten marinieren lassen.

Kombinieren Sie in einer kleinen Schüssel Orangensaft, Sojasauce, Sesamöl, Zucker und Chilipaste. Beiseite legen.

In einer großen Pfanne oder einem Wok das Rapsöl bei mittlerer Hitze erhitzen. Fügen Sie den Knoblauch und den Ingwer hinzu und braten Sie ihn etwa 30 Sekunden lang, bis er duftet. Fügen Sie den marinierten Tofu und den Spargel hinzu und braten Sie ihn an, bis der Tofu goldbraun und der Spargel gerade zart ist (ca. 5 Minuten). Die Sauce einrühren und weitere 2 Minuten kochen lassen. Sofort servieren.

18. Tofu Pizzaiola

Ergibt 4 Portionen

- 2 Esslöffel Olivenöl
- 1 Packung extra fester Tofu (16 Unzen), abgetropft, in
  ½-Zoll-Scheiben geschnitten und gepresst (siehe)
  Leichte Gemüsebrühe)
- Salz
- 3 gehackte Knoblauchzehen
- 1 (14,5 Unzen) Dose Tomatenwürfel, abgetropft
- ¼ Tasse ölverpackte sonnengetrocknete Tomaten, in ¼-
  Zoll-Streifen geschnitten
- 1 Esslöffel Kapern
- 1 Teelöffel getrockneter Oregano
- ½ Teelöffel Zucker

- Frisch gemahlener schwarzer Pfeffer
- 2 Esslöffel gehackte frische Petersilie zum Garnieren

Heizen Sie den Ofen auf 275 ° F vor. In einer großen Pfanne 1 Esslöffel Öl bei mittlerer Hitze erhitzen. Fügen Sie den Tofu hinzu und kochen Sie ihn auf beiden Seiten goldbraun. Drehen Sie ihn einmal, etwa 5 Minuten pro Seite. Den Tofu nach Belieben mit Salz bestreuen. Übertragen Sie den gebratenen Tofu auf eine hitzebeständige Platte und halten Sie ihn im Ofen warm.

In der gleichen Pfanne den restlichen 1 Esslöffel Öl bei mittlerer Hitze erhitzen. Fügen Sie den Knoblauch hinzu und kochen Sie ihn ca. 1 Minute lang, bis er weich ist. Nicht bräunen. Tomatenwürfel, sonnengetrocknete Tomaten, Oliven und Kapern einrühren. Fügen Sie den Oregano, Zucker und Salz und Pfeffer hinzu, um zu schmecken. Etwa 10 Minuten köcheln lassen, bis die Sauce heiß ist und die Aromen gut vermischt sind. Die gebratenen Tofu-Scheiben mit der Sauce belegen und mit der Petersilie bestreuen. Sofort servieren.

19. "Ka-Pow" Tofu

Ergibt 4 Portionen

- 1 Pfund extra fester Tofu, abgetropft, trocken getupft und in 1-Zoll-Würfel geschnitten
- Salz
- 2 Esslöffel Maisstärke
- 2 Esslöffel Sojasauce
- 1 Esslöffel vegetarische Austernsauce

- 2 Teelöffel Nothin 'Fishy Nam Pla oder 1 Teelöffel Reisessig
- 1 Teelöffel hellbrauner Zucker
- ½ Teelöffel zerkleinerter roter Pfeffer
- 2 Esslöffel Raps oder Traubenkernöl
- 1 mittel süße gelbe Zwiebel, halbiert und in ½-Zoll-Scheiben geschnitten
- mittelrote Paprika, in ¼-Zoll-Scheiben geschnitten
- Frühlingszwiebeln, gehackt
- ½ Tasse Thai Basilikumblätter

Kombinieren Sie in einer mittelgroßen Schüssel den Tofu, das Salz nach Geschmack und die Maisstärke. Zum Überziehen werfen und beiseite stellen.

Kombinieren Sie in einer kleinen Schüssel Sojasauce, Austernsauce, Nam Pla, Zucker und zerkleinerten roten Pfeffer. Zum Kombinieren gut umrühren und beiseite stellen.

In einer großen Pfanne 1 Esslöffel Öl bei mittlerer bis hoher Hitze erhitzen. Fügen Sie den Tofu hinzu und kochen Sie ihn ca. 8 Minuten lang goldbraun. Aus der Pfanne nehmen und beiseite stellen.

In der gleichen Pfanne den restlichen 1 Esslöffel Öl bei mittlerer Hitze erhitzen. Fügen Sie die Zwiebel und die Paprika hinzu und braten Sie sie ca. 5 Minuten lang, bis sie weich sind. Fügen Sie die Frühlingszwiebeln hinzu und kochen Sie 1 Minute länger. Den gebratenen Tofu, die Sauce und das Basilikum einrühren und ca. 3 Minuten unter Rühren braten, bis sie heiß sind. Sofort servieren.

20. Tofu nach sizilianischer Art

Ergibt 4 Portionen

- 2 Esslöffel Olivenöl
- 1 Pfund extra fester Tofu, abgetropft, in ¼-Zoll-Scheiben geschnitten und mit Salz und frisch gemahlenem schwarzem Pfeffer gepresst
- 1 kleine gelbe Zwiebel, gehackt
- 2 gehackte Knoblauchzehen
- 1 (28 Unzen) Dose Tomatenwürfel, abgetropft
- ¼ Tasse trockener Weißwein
- ¼ Teelöffel zerkleinerter roter Pfeffer
- ⅓ Tasse entkernte Kalamata-Oliven
- 1½ Esslöffel Kapern

- 2 Esslöffel gehacktes frisches Basilikum oder 1 Teelöffel getrocknet (optional)

Heizen Sie den Ofen auf 250 ° F vor. In einer großen Pfanne 1 Esslöffel Öl bei mittlerer Hitze erhitzen. Fügen Sie den Tofu bei Bedarf in Chargen hinzu und kochen Sie ihn 5 Minuten pro Seite auf beiden Seiten goldbraun. Mit Salz und schwarzem Pfeffer abschmecken. Übertragen Sie den gekochten Tofu auf eine hitzebeständige Platte und halten Sie ihn im Ofen warm, während Sie die Sauce zubereiten.

In der gleichen Pfanne den restlichen 1 Esslöffel Öl bei mittlerer Hitze erhitzen. Fügen Sie die Zwiebel und den Knoblauch hinzu, decken Sie sie ab und kochen Sie sie 10 Minuten lang, bis die Zwiebel weich ist. Fügen Sie die Tomaten, den Wein und den zerkleinerten roten Pfeffer hinzu. Zum Kochen bringen, dann die Hitze reduzieren und unbedeckt 15 Minuten köcheln lassen. Oliven und Kapern einrühren. Noch 2 Minuten kochen lassen.

Ordnen Sie den Tofu auf einer Platte oder einzelnen Tellern. Die Sauce darüber geben. Bei Verwendung mit frischem Basilikum bestreuen. Sofort servieren.

21. Thai-Phoon Stir-Fry

Ergibt 4 Portionen

- 1 Pfund extra fester Tofu, abgetropft und getupft dr
- 2 Esslöffel Raps oder Traubenkernöl
- mittelgroße Schalotten, längs halbiert und in ⅛-Zoll-Scheiben geschnitten
- 2 gehackte Knoblauchzehen
- 2 Teelöffel geriebener frischer Ingwer
- 3 Unzen weiße Pilzkappen, leicht gespült, trocken getupft und in ½-Zoll-Scheiben geschnitten
- 1 Esslöffel cremige Erdnussbutter
- 2 Teelöffel hellbrauner Zucker
- 1 Teelöffel asiatische Chilipaste
- 2 Esslöffel Sojasauce

- 1 Esslöffel Mirin
- 1 (13,5 Unzen) kann ungesüßte Kokosmilch
- 6 Unzen gehackter frischer Spinat
- 1 Esslöffel geröstetes Sesamöl
- Frisch gekochter Reis oder Nudeln zum Servieren
- 2 Esslöffel fein gehacktes frisches Thai-Basilikum oder Koriander
- 2 Esslöffel zerkleinerte ungesalzene geröstete Erdnüsse
- 2 Teelöffel gehackter kristallisierter Ingwer (optional)

Schneiden Sie den Tofu in ½-Zoll-Würfel und beiseite stellen. In einer großen Pfanne 1 Esslöffel Öl bei mittlerer bis hoher Hitze erhitzen. Fügen Sie den Tofu hinzu und braten Sie ihn ca. 7 Minuten lang goldbraun an. Nehmen Sie den Tofu aus der Pfanne und legen Sie ihn beiseite.

In der gleichen Pfanne den restlichen 1 Esslöffel Öl bei mittlerer Hitze erhitzen. Fügen Sie Schalotten, Knoblauch, Ingwer und Pilze hinzu und braten Sie sie ca. 4 Minuten lang, bis sie weich sind.

Erdnussbutter, Zucker, Chilipaste, Sojasauce und Mirin einrühren. Kokosmilch einrühren und gut vermischen. Den gebratenen Tofu und den Spinat dazugeben und zum Kochen bringen. Reduzieren Sie die Hitze auf mittel-niedrig und köcheln Sie unter gelegentlichem Rühren, bis der Spinat welk ist und die Aromen gut vermischt sind (5 bis 7 Minuten). Sesamöl einrühren und noch eine Minute köcheln lassen. Zum Servieren die Tofu-Mischung auf Reis oder Nudeln Ihrer Wahl geben und bei Bedarf mit Kokosnuss, Basilikum, Erdnüssen und kristallisiertem Ingwer belegen. Sofort servieren.

22. Chipotle-gemalter gebackener Tofu

Ergibt 4 Portionen

- 2 Esslöffel Sojasauce
- 2 Dosen Chipotle Chilis in Adobo
- 1 Esslöffel Olivenöl
- 1 Pfund extra fester Tofu, abgetropft, in ½ Zoll dicke Scheiben geschnitten und gepresst (siehe Leichte Gemüsebrühe)

Heizen Sie den Ofen auf 375 ° F vor. Eine 9 x 13 Zoll große Backform leicht einölen und beiseite stellen.

Kombinieren Sie in einer Küchenmaschine die Sojasauce, die Chipotles und das Öl und verarbeiten Sie sie, bis sie vermischt sind. Kratzen Sie die Chipotle-Mischung in eine kleine Schüssel.

Die Chipotle-Mischung auf beide Seiten der Tofu-Scheiben streichen und in der vorbereiteten Pfanne in einer Schicht anordnen. Backen Sie bis heiß, ungefähr 20 Minuten. Sofort servieren.

23. Gegrillter Tofu mit Tamarindenglasur

Ergibt 4 Portionen

- 1 Pfund extra fester Tofu, abgetropft und trocken getupft
- Salz und frisch gemahlener schwarzer Pfeffer
- 2 Esslöffel Olivenöl
- 2 mittelgroße Schalotten, gehackt
- 2 gehackte Knoblauchzehen
- 2 reife Tomaten, grob gehackt
- 2 Esslöffel Ketchup
- ¼ Tasse Wasser
- 2 Esslöffel Dijon-Senf
- 1 Esslöffel dunkelbrauner Zucker
- 2 Esslöffel Agavennektar
- 2 Esslöffel Tamarindenkonzentrat
- 1 Esslöffel dunkle Melasse

- ½ Teelöffel gemahlener Cayennepfeffer
- 1 Esslöffel geräucherter Paprika
- 1 Esslöffel Sojasauce

Schneiden Sie den Tofu in 1-Zoll-Scheiben, würzen Sie ihn mit Salz und Pfeffer und legen Sie ihn in eine flache Backform.

In einem großen Topf das Öl bei mittlerer Hitze erhitzen. Schalotten und Knoblauch dazugeben und 2 Minuten anbraten. Fügen Sie alle restlichen Zutaten außer dem Tofu hinzu. Reduzieren Sie die Hitze auf niedrig und köcheln Sie für 15 Minuten. Übertragen Sie die Mischung in einen Mixer oder eine Küchenmaschine und mischen Sie bis glatt. Kehre zum Topf zurück und koche 15 Minuten länger, dann lege ihn zum Abkühlen beiseite. Gießen Sie die Sauce über den Tofu und kühlen Sie ihn mindestens 2 Stunden lang. Grill oder Grill vorheizen.

Den marinierten Tofu einmal wenden, um ihn zu erhitzen und auf beiden Seiten schön zu bräunen. Während der Tofu grillt, erhitzen Sie die Marinade in einem Topf. Den Tofu vom Grill nehmen, jede Seite mit der Tamarindensauce bestreichen und sofort servieren.

24. Mit Brunnenkresse gefüllter Tofu

Ergibt 4 Portionen

- 1 Pfund extra fester Tofu, abgetropft, in ¾-Zoll-Scheiben geschnitten und gepresst (siehe Leichte Gemüsebrühe)
- Salz und frisch gemahlener schwarzer Pfeffer
- 1 kleines Bündel Brunnenkresse, zähe Stängel entfernt und gehackt
- 2 reife Pflaumentomaten, gehackt
- ½ Tasse gehackte Frühlingszwiebeln
- 2 Esslöffel gehackte frische Petersilie
- 2 Esslöffel gehacktes frisches Basilikum
- 1 Teelöffel gehackter Knoblauch
- 2 Esslöffel Olivenöl
- 1 Esslöffel Balsamico-Essig
- Prise Zucker

- ½ Tasse Allzweckmehl
- ½ Tasse Wasser
- 1½ Tassen trocknen ungewürzte Semmelbrösel

Schneiden Sie eine lange tiefe Tasche in jede Tofu-Scheibe und legen Sie den Tofu auf ein Backblech. Mit Salz und Pfeffer abschmecken und beiseite stellen.

In einer großen Schüssel Brunnenkresse, Tomaten, Frühlingszwiebeln, Petersilie, Basilikum, Knoblauch, 2 Esslöffel Öl, Essig, Zucker sowie Salz und Pfeffer nach Geschmack vermengen. Mischen, bis alles gut vermischt ist, dann die Mischung vorsichtig in die Tofutaschen füllen.

Legen Sie das Mehl in eine flache Schüssel. Gießen Sie das Wasser in eine separate flache Schüssel. Legen Sie die Semmelbrösel auf einen großen Teller. Den Tofu in das Mehl eintauchen, dann vorsichtig ins Wasser tauchen und dann in die Semmelbrösel eintauchen und gründlich überziehen.

In einer großen Pfanne die restlichen 2 Esslöffel Öl bei mittlerer Hitze erhitzen. Den gefüllten Tofu in die Pfanne geben und goldbraun kochen. Einmal wenden, 4 bis 5 Minuten pro Seite. Sofort servieren.

25. Tofu mit Pistazien-Granatapfel

Ergibt 4 Portionen

- 1 Pfund extra fester Tofu, abgetropft, in ¼-Zoll-Scheiben geschnitten und gepresst (siehe Leichte Gemüsebrühe)
- Salz und frisch gemahlener schwarzer Pfeffer
- 2 Esslöffel Olivenöl
- ½ Tasse Granatapfelsaft
- 1 Esslöffel Balsamico-Essig
- 1 Esslöffel hellbrauner Zucker
- 2 Frühlingszwiebeln, gehackt
- ½ Tasse ungesalzene geschälte Pistazien, grob gehackt

- Den Tofu mit Salz und Pfeffer abschmecken.

In einer großen Pfanne das Öl bei mittlerer Hitze erhitzen. Fügen Sie die Tofuscheiben, falls erforderlich, in Chargen hinzu und kochen Sie sie etwa 4 Minuten pro Seite, bis sie leicht gebräunt sind. Aus der Pfanne nehmen und beiseite stellen.

In der gleichen Pfanne Granatapfelsaft, Essig, Zucker und Frühlingszwiebeln hinzufügen und bei mittlerer Hitze 5 Minuten köcheln lassen. Die Hälfte der Pistazien hinzufügen und ca. 5 Minuten kochen, bis die Sauce leicht eingedickt ist.

Bringen Sie den gebratenen Tofu wieder in die Pfanne und kochen Sie ihn ca. 5 Minuten lang, bis er heiß ist. Löffeln Sie die Sauce über den Tofu, während dieser köchelt. Sofort servieren und mit den restlichen Pistazien bestreuen.

26. Gewürzinsel Tofu

Ergibt 4 Portionen

- ½ Tasse Maisstärke
- ½ Teelöffel gehackter frischer Thymian oder ¼ Teelöffel getrocknet
- ½ Teelöffel gehackter frischer Majoran oder ¼ Teelöffel getrocknet
- ½ Teelöffel Salz
- ¼ Teelöffel gemahlener Cayennepfeffer
- ¼ Teelöffel süßer oder geräucherter Paprika
- ¼ Teelöffel hellbrauner Zucker
- ⅛ Teelöffel gemahlener Piment
- 1 Pfund extra fester Tofu, abgetropft und in ½-Zoll-Streifen geschnitten
- 2 Esslöffel Raps oder Traubenkernöl
- 1 mittelrote Paprika, in ¼-Zoll-Streifen geschnitten
- 2 grüne Zwiebeln, gehackt
- 1 Knoblauchzehe, gehackt
- 1 Jalapeño, entkernt und gehackt
- 2 reife Pflaumentomaten, entkernt und gehackt

- 1 Tasse frisch gehackte oder eingemachte Ananas
- 2 Esslöffel Sojasauce
- ¼ Tasse Wasser
- 2 Teelöffel frischer Limettensaft
- 1 Esslöffel gehackte frische Petersilie zum Garnieren

In einer flachen Schüssel Maisstärke, Thymian, Majoran, Salz, Cayennepfeffer, Paprika, Zucker und Piment vermengen. Gut mischen. Den Tofu in die Gewürzmischung eintauchen und allseitig beschichten. Heizen Sie den Ofen auf 250 ° F vor.

In einer großen Pfanne 2 Esslöffel Öl bei mittlerer Hitze erhitzen. Fügen Sie den ausgebaggerten Tofu bei Bedarf in Chargen hinzu und kochen Sie ihn ca. 4 Minuten pro Seite goldbraun. Übertragen Sie den gebratenen Tofu auf eine hitzebeständige Platte und halten Sie ihn im Ofen warm.

In der gleichen Pfanne den restlichen 1 Esslöffel Öl bei mittlerer Hitze erhitzen. Paprika, Frühlingszwiebeln, Knoblauch und Jalapeño hinzufügen. Abdecken und unter gelegentlichem Rühren ca. 10 Minuten kochen, bis sie weich sind. Fügen Sie die Tomaten, Ananas, Sojasauce, Wasser und Limettensaft hinzu und köcheln Sie, bis die Mischung heiß ist und sich die Aromen vereinigt haben, ca. 5 Minuten. Die Gemüsemischung über den gebratenen Tofu geben. Mit gehackter Petersilie bestreuen und sofort servieren.

27. Ingwer-Tofu mit Citrus-Hoisin-Sauce

Ergibt 4 Portionen

- 1 Pfund extra fester Tofu, abgetropft, trocken getupft und in ½-Zoll-Würfel geschnitten
- 2 Esslöffel Sojasauce
- 2 Esslöffel plus 1 Teelöffel Maisstärke
- 1 Esslöffel plus 1 Teelöffel Raps oder Traubenkernöl
- 1 Teelöffel geröstetes Sesamöl
- 2 Teelöffel geriebener frischer Ingwer
- Frühlingszwiebeln, gehackt
- ⅓ Tasse Hoisinsauce
- ½ Tasse Gemüsebrühe, hausgemacht (sieheLeichte Gemüsebrühe) oder im Laden gekauft
- ¼ Tasse frischer Orangensaft
- 1½ Esslöffel frischer Limettensaft
- 1½ Esslöffel frischer Zitronensaft

- Salz und frisch gemahlener schwarzer Pfeffer

Legen Sie den Tofu in eine flache Schüssel. Fügen Sie die Sojasauce hinzu und werfen Sie sie zum Überziehen, bestreuen Sie sie dann mit 2 Esslöffeln Maisstärke und werfen Sie sie zum Überziehen.

In einer großen Pfanne 1 Esslöffel Rapsöl bei mittlerer Hitze erhitzen. Fügen Sie den Tofu hinzu und kochen Sie ihn goldbraun, wobei Sie ihn gelegentlich etwa 10 Minuten lang wenden. Den Tofu aus der Pfanne nehmen und beiseite stellen.

In der gleichen Pfanne den restlichen 1 Teelöffel Rapsöl und das Sesamöl bei mittlerer Hitze erhitzen. Fügen Sie den Ingwer und die Frühlingszwiebeln hinzu und kochen Sie sie ca. 1 Minute lang, bis sie wohlriechend sind. Hoisinsauce, Brühe und Orangensaft einrühren und zum Kochen bringen. Kochen, bis die Flüssigkeit leicht reduziert ist und die Aromen eine Chance haben, sich zu vermischen, ca. 3 Minuten. Kombinieren Sie in einer kleinen Schüssel die restlichen 1 Teelöffel Maisstärke mit dem Limettensaft und Zitronensaft und fügen Sie sie unter leichtem Rühren zur Sauce hinzu, um sie leicht zu verdicken. Mit Salz und Pfeffer abschmecken.

Den gebratenen Tofu wieder in die Pfanne geben und kochen, bis er mit der Sauce überzogen und durchgeheizt ist. Sofort servieren.

28. Tofu mit Zitronengras und Erbsen

Ergibt 4 Portionen

- 2 Esslöffel Raps oder Traubenkernöl
- 1 mittelrote Zwiebel, halbiert und in dünne Scheiben geschnitten
- 2 gehackte Knoblauchzehen
- 1 Teelöffel geriebener frischer Ingwer
- 1 Pfund extra fester Tofu, abgetropft und in ½-Zoll-Würfel geschnitten
- 2 Esslöffel Sojasauce
- 1 Esslöffel Mirin oder Sake
- 1 Teelöffel Zucker

- ½ Teelöffel zerkleinerter roter Pfeffer
- 4 Unzen Schneeerbsen, getrimmt
- 1 Esslöffel gehacktes Zitronengras oder 1 Zitronenschale
- 2 Esslöffel grob gemahlene ungesalzene geröstete Erdnüsse zum Garnieren

In einer großen Pfanne oder einem Wok das Öl bei mittlerer bis hoher Hitze erhitzen. Fügen Sie die Zwiebel, den Knoblauch und den Ingwer hinzu und braten Sie sie 2 Minuten lang an. Fügen Sie den Tofu hinzu und kochen Sie ihn ca. 7 Minuten lang goldbraun.

Sojasauce, Mirin, Zucker und zerkleinerten roten Pfeffer einrühren. Fügen Sie die Schneeerbsen und Zitronengras hinzu und braten Sie sie an, bis die Schneeerbsen knusprig und die Aromen gut vermischt sind (ca. 3 Minuten). Mit Erdnüssen garnieren und sofort servieren.

29. Doppel-Sesam-Tofu mit Tahini-Sauce

Ergibt 4 Portionen

- ½ Tasse Tahini (Sesampaste)
- 2 Esslöffel frischer Zitronensaft
- 2 Esslöffel Sojasauce
- 2 Esslöffel Wasser
- ¼ Tasse weißer Sesam
- ¼ Tasse schwarzer Sesam
- ½ Tasse Maisstärke
- 1 Pfund extra fester Tofu, abgetropft, trocken getupft und in ½-Zoll-Streifen geschnitten
- Salz und frisch gemahlener schwarzer Pfeffer
- 2 Esslöffel Raps oder Traubenkernöl

In einer kleinen Schüssel Tahini, Zitronensaft,
Sojasauce und Wasser unter Rühren gut vermischen.
Beiseite legen.

In einer flachen Schüssel die weißen und schwarzen
Sesamkörner und die Maisstärke unter Rühren mischen.
Den Tofu mit Salz und Pfeffer abschmecken. Beiseite
legen.

In einer großen Pfanne das Öl bei mittlerer Hitze
erhitzen. Den Tofu in die Sesammischung eintauchen,
bis er gut überzogen ist, dann in die heiße Pfanne geben
und kochen, bis er rundum braun und knusprig ist. Bei
Bedarf 3 bis 4 Minuten pro Seite wenden. Achten Sie
darauf, die Samen nicht zu verbrennen. Mit Tahinisauce
beträufeln und sofort servieren.

30. Tofu und Edamame Stew

Ergibt 4 Portionen

- 2 Esslöffel Olivenöl
- 1 mittelgelbe Zwiebel, gehackt
- ½ Tasse gehackter Sellerie
- 2 gehackte Knoblauchzehen
- 2 mittelgroße Yukon Gold Kartoffeln, geschält und in ½-Zoll-Würfel geschnitten
- 1 Tasse geschältes frisches oder gefrorenes Edamame
- 2 Tassen geschälte und gewürfelte Zucchini
- ½ Tasse gefrorene Erbsenbabys
- 1 Teelöffel getrockneter Bohnenkraut
- ½ Teelöffel zerbröckelter getrockneter Salbei
- ⅛ Teelöffel gemahlener Cayennepfeffer
- 1½ Tassen Gemüsebrühe, hausgemacht (sieheLeichte Gemüsebrühe) oder im Laden gekauftes Salz und frisch gemahlener schwarzer Pfeffer

- 1 Pfund extra fester Tofu, abgetropft, trocken getupft und in ½-Zoll-Würfel geschnitten
- 2 Esslöffel gehackte frische Petersilie

In einem großen Topf 1 Esslöffel Öl bei mittlerer Hitze erhitzen. Fügen Sie die Zwiebel, den Sellerie und den Knoblauch hinzu. Abdecken und ca. 10 Minuten kochen, bis sie weich sind. Kartoffeln, Edamame, Zucchini, Erbsen, Bohnenkraut, Salbei und Cayennepfeffer unterrühren. Die Brühe hinzufügen und zum Kochen bringen. Hitze reduzieren und mit Salz und Pfeffer abschmecken. Abdecken und ca. 40 Minuten köcheln lassen, bis das Gemüse zart ist und die Aromen vermischt sind.

In einer großen Pfanne den restlichen 1 Esslöffel Öl bei mittlerer bis hoher Hitze erhitzen. Fügen Sie den Tofu hinzu und kochen Sie ihn ca. 7 Minuten lang goldbraun. Mit Salz und Pfeffer abschmecken und beiseite stellen. Etwa 10 Minuten vor dem Ende des Eintopfs den gebratenen Tofu und die Petersilie hinzufügen. Probieren Sie, passen Sie die Gewürze bei Bedarf an und servieren Sie sie sofort.

31. Soja-Tan-Traum Schnitzel

Ergibt 6 Portionen

- 10 Unzen fester Tofu, abgetropft und zerbröckelt
- 2 Esslöffel Sojasauce
- ¼ Teelöffel süßer Paprika
- ¼ Teelöffel Zwiebelpulver
- ¼ Teelöffel Knoblauchpulver
- ¼ Teelöffel frisch gemahlener schwarzer Pfeffer
- 1 Tasse Weizenglutenmehl (lebenswichtiges Weizengluten)
- 2 Esslöffel Olivenöl

Kombinieren Sie in einer Küchenmaschine Tofu, Sojasauce, Paprika, Zwiebelpulver, Knoblauchpulver, Pfeffer und Mehl. Prozess bis gut gemischt. Übertragen Sie die Mischung auf eine flache Arbeitsfläche und formen Sie sie zu einem Zylinder. Teilen Sie die Mischung in 6 gleiche Stücke und drücken Sie sie in sehr dünne Schnitzel, die nicht dicker als ¼ Zoll sind. (Legen Sie dazu jedes Schnitzel zwischen zwei Stück Wachspapier, Folie oder Pergamentpapier und rollen Sie es mit einem Nudelholz flach.)

In einer großen Pfanne das Öl bei mittlerer Hitze erhitzen. Fügen Sie die Schnitzel hinzu, ggf. in Chargen, decken Sie sie ab und kochen Sie sie 5 bis 6 Minuten pro Seite, bis sie auf beiden Seiten schön gebräunt sind. Die Schnitzel können jetzt in Rezepten verwendet oder sofort mit einer Sauce serviert werden.

32. Mein Kinda Hackbraten

Ergibt 4 bis 6 Portionen

- 2 Esslöffel Olivenöl
- ⅔ Tasse gehackte Zwiebel
- 2 gehackte Knoblauchzehen
- 1 Pfund extra fester Tofu, abgetropft und trocken getupft
- 2 Esslöffel Ketchup
- 2 Esslöffel Tahini (Sesampaste) oder cremige Erdnussbutter
- 2 Esslöffel Sojasauce
- ½ Tasse gemahlene Walnüsse

- 1 Tasse altmodischer Hafer
- 1 Tasse Weizenglutenmehl (lebenswichtiges Weizengluten)
- 2 Esslöffel gehackte frische Petersilie
- ½ Teelöffel Salz
- ½ Teelöffel süßer Paprika
- ¼ Teelöffel frisch gemahlener schwarzer Pfeffer

Heizen Sie den Ofen auf 375 ° F vor. Eine 9-Zoll-Laibpfanne leicht einölen und beiseite stellen. In einer großen Pfanne 1 Esslöffel Öl bei mittlerer Hitze erhitzen. Fügen Sie die Zwiebel und den Knoblauch hinzu, decken Sie sie ab und kochen Sie sie 5 Minuten lang, bis sie weich sind.

In einer Küchenmaschine Tofu, Ketchup, Tahini und Sojasauce mischen und glatt rühren. Fügen Sie die reservierte Zwiebelmischung und alle restlichen Zutaten hinzu. Pulsieren, bis alles gut vermischt ist, aber noch etwas Textur übrig ist.

Kratzen Sie die Mischung in die vorbereitete Pfanne. Drücken Sie die Mischung fest in die Pfanne und glätten Sie die Oberseite. Backen Sie bis fest und goldbraun, ungefähr 1 Stunde. Vor dem Schneiden 10 Minuten stehen lassen.

33. Sehr Vanille French Toast

Ergibt 4 Portionen

1 (12 Unzen) Packung fester seidiger Tofu, abgetropft
1½ Tassen Sojamilch
2 Esslöffel Maisstärke
1 Esslöffel Raps oder Traubenkernöl
2 Teelöffel Zucker
1½ Teelöffel reiner Vanilleextrakt
¼ Teelöffel Salz
4 Scheiben eintägiges italienisches Brot
Raps- oder Traubenkernöl zum Braten

Heizen Sie den Ofen auf 225 ° F vor. In einem Mixer oder einer Küchenmaschine Tofu, Sojamilch, Maisstärke, Öl, Zucker, Vanille und Salz mischen und glatt rühren.

Gießen Sie den Teig in eine flache Schüssel und tauchen Sie das Brot in den Teig. Drehen Sie es, um beide Seiten zu beschichten.

Erhitzen Sie auf einer Bratpfanne oder einer großen Pfanne eine dünne Ölschicht bei mittlerer Hitze. Legen Sie den French Toast auf die heiße Bratpfanne und kochen Sie ihn auf beiden Seiten goldbraun. Drehen Sie ihn einmal 3 bis 4 Minuten pro Seite.

Übertragen Sie den gekochten French Toast auf eine hitzebeständige Platte und halten Sie ihn im Ofen warm, während Sie den Rest kochen.

34. Sesam-Soja-Frühstücksaufstrich

Macht etwa 1 Tasse

½ Tasse weicher Tofu, abgetropft und trocken getupft
2 Esslöffel Tahini (Sesampaste)
2 Esslöffel Hefe
1 Esslöffel frischer Zitronensaft
2 Teelöffel Leinsamenöl
1 Teelöffel geröstetes Sesamöl
½ Teelöffel Salz

Kombinieren Sie in einem Mixer oder einer
Küchenmaschine alle Zutaten und mixen Sie alles glatt.
Kratzen Sie die Mischung in eine kleine Schüssel,
decken Sie sie ab und kühlen Sie sie einige Stunden
lang, um den Geschmack zu vertiefen. Bei sachgemäßer
Lagerung ist es bis zu 3 Tage haltbar.

35. Radiatore Mit Aurora Sauce

Ergibt 4 Portionen

- 1 Esslöffel Olivenöl
- 3 gehackte Knoblauchzehen
- 3 Frühlingszwiebeln, gehackt
- (28 Unzen) können Tomaten zerkleinern
- 1 Teelöffel getrocknetes Basilikum
- ½ Teelöffel getrockneter Majoran
- 1 Teelöffel Salz

- ¼ Teelöffel frisch gemahlener schwarzer Pfeffer
- ⅓ Tasse veganer Frischkäse oder abgetropfter weicher Tofu
- 1 Pfund Radiatore oder andere kleine, geformte Nudeln
- 2 Esslöffel gehackte frische Petersilie zum Garnieren

In einem großen Topf das Öl bei mittlerer Hitze erhitzen. Fügen Sie den Knoblauch und die Frühlingszwiebeln hinzu und kochen Sie sie 1 Minute lang, bis sie wohlriechend sind. Tomaten, Basilikum, Majoran, Salz und Pfeffer einrühren. Die Sauce zum Kochen bringen, dann die Hitze reduzieren und unter gelegentlichem Rühren 15 Minuten köcheln lassen.

In der Küchenmaschine den Frischkäse glatt rühren. 2 Tassen Tomatensauce hinzufügen und glatt rühren. Kratzen Sie die Tofu-Tomaten-Mischung mit der Tomatensauce unter Rühren wieder in den Topf. Probieren Sie die Gewürze und passen Sie sie gegebenenfalls an. Bei schwacher Hitze warm halten.

In einem großen Topf mit kochendem Salzwasser die Nudeln bei mittlerer Hitze kochen und gelegentlich etwa 10 Minuten lang al dente rühren. Gut abtropfen lassen und in eine große Schüssel geben. Fügen Sie die Sauce hinzu und werfen Sie sie vorsichtig um. Mit Petersilie bestreuen und sofort servieren.

36. Klassische Tofu-Lasagne

Ergibt 6 Portionen

- 12 Unzen Lasagnennudeln
- 1 Pfund fester Tofu, abgetropft und zerbröckelt
- 1 Pfund weicher Tofu, abgetropft und zerbröckelt
- 2 Esslöffel Hefe
- 1 Teelöffel frischer Zitronensaft
- 1 Teelöffel Salz
- ¼ Teelöffel frisch gemahlener schwarzer Pfeffer

- 3 Esslöffel gehackte frische Petersilie
- ½ Tasse veganer Parmesan oderParmasio
- 4 Tassen Marinara-Sauce, hausgemacht (siehe Marinara-Sauce) oder im Laden gekauft

In einem Topf mit kochendem Salzwasser die Nudeln bei mittlerer Hitze kochen und gelegentlich etwa 7 Minuten lang al dente rühren. Heizen Sie den Ofen auf 350 ° F vor. Kombinieren Sie in einer großen Schüssel den festen und weichen Tofu. Fügen Sie die Nährhefe, Zitronensaft, Salz, Pfeffer, Petersilie und ¼ Tasse Parmesan hinzu. Mischen, bis alles gut vermischt ist.

Löffeln Sie eine Schicht der Tomatensauce in den Boden der 9 x 13-Zoll-Auflaufform. Top mit einer Schicht der gekochten Nudeln. Die Hälfte der Tofu-Mischung gleichmäßig auf die Nudeln verteilen. Wiederholen Sie dies mit einer weiteren Schicht Nudeln, gefolgt von einer Schicht Sauce. Die restliche Tofu-Mischung auf die Sauce geben und mit einer letzten Schicht Nudeln und Sauce abschließen. Mit dem restlichen ¼ Tasse Parmesan bestreuen. Wenn noch Sauce übrig ist, bewahren Sie diese auf und servieren Sie sie heiß in einer Schüssel neben der Lasagne.

Mit Folie abdecken und 45 Minuten backen. Deckel abnehmen und 10 Minuten länger backen. Vor dem Servieren 10 Minuten stehen lassen.

37. Rote Mangold-Spinat-Lasagne

Ergibt 6 Portionen

- 12 Unzen Lasagnennudeln
- 1 Esslöffel Olivenöl
- 2 gehackte Knoblauchzehen
- 8 Unzen frischer roter Mangold, zähe Stängel entfernt und grob gehackt
- 9 Unzen frischer Babyspinat, grob gehackt
- 1 Pfund fester Tofu, abgetropft und zerbröckelt
- 1 Pfund weicher Tofu, abgetropft und zerbröckelt
- 2 Esslöffel Hefe
- 1 Teelöffel frischer Zitronensaft
- 2 Esslöffel gehackte frische Petersilie
- 1 Teelöffel Salz
- ¼ Teelöffel frisch gemahlener schwarzer Pfeffer

- ³¹/₂ Tassen Marinara-Sauce, hausgemacht oder im Laden gekauft

In einem Topf mit kochendem Salzwasser die Nudeln bei mittlerer Hitze kochen und gelegentlich etwa 7 Minuten lang al dente rühren. Heizen Sie den Ofen auf 350 ° F vor.

In einem großen Topf das Öl bei mittlerer Hitze erhitzen. Fügen Sie den Knoblauch hinzu und kochen Sie, bis er duftet. Fügen Sie den Mangold hinzu und kochen Sie ihn unter Rühren etwa 5 Minuten lang, bis er welk ist. Fügen Sie den Spinat hinzu und kochen Sie weiter, bis er welk ist, weitere 5 Minuten. Abdecken und ca. 3 Minuten weich kochen. Aufdecken und zum Abkühlen beiseite stellen. Wenn es kühl genug ist, lassen Sie die restliche Feuchtigkeit von den Grüns ab und drücken Sie mit einem großen Löffel gegen sie, um überschüssige Flüssigkeit herauszudrücken. Legen Sie das Grün in eine große Schüssel. Fügen Sie Tofus, die Nährhefe, Zitronensaft, Petersilie, Salz und Pfeffer hinzu. Mischen, bis alles gut vermischt ist.

Löffeln Sie eine Schicht der Tomatensauce in den Boden der 9 x 13-Zoll-Auflaufform. Top mit einer Schicht der Nudeln. Die Hälfte der Tofu-Mischung gleichmäßig auf die Nudeln verteilen. Wiederholen Sie dies mit einer weiteren Schicht Nudeln und einer Schicht Sauce. Die restliche Tofu-Mischung auf die Sauce geben und mit einer letzten Schicht Nudeln, Sauce und Parmesan abschließen.

Mit Folie abdecken und 45 Minuten backen. Deckel abnehmen und 10 Minuten länger backen. Vor dem Servieren 10 Minuten stehen lassen.

38. geröstete Gemüse Lasagne

Ergibt 6 Portionen

- 1 mittelgroße Zucchini, in ¼-Zoll-Scheiben geschnitten
- 1 mittelgroße Aubergine, in ¼-Zoll-Scheiben geschnitten
- 1 mittelrote Paprika, gewürfelt
- 2 Esslöffel Olivenöl
- Salz und frisch gemahlener schwarzer Pfeffer

- 8 Unzen Lasagnennudeln
- 1 Pfund fester Tofu, abgetropft, trocken getupft und zerbröckelt
- 1 Pfund weicher Tofu, abgetropft, trocken getupft und zerbröckelt
- 2 Esslöffel Hefe
- 2 Esslöffel gehackte frische Petersilie
- $3\frac{1}{2}$ Tassen Marinara-Sauce, hausgemacht (sieheMarinara-Sauce) oder im Laden gekauft

Heizen Sie den Ofen auf 425 ° F vor. Verteilen Sie die Zucchini, Auberginen und Paprika auf einer leicht geölten 9 x 13-Zoll-Backform. Mit dem Öl beträufeln und mit Salz und schwarzem Pfeffer abschmecken. Braten Sie das Gemüse ca. 20 Minuten lang, bis es weich und leicht gebräunt ist. Aus dem Ofen nehmen und zum Abkühlen beiseite stellen. Senken Sie die Ofentemperatur auf 350 ° F.

In einem Topf mit kochendem Salzwasser die Nudeln bei mittlerer Hitze kochen und gelegentlich etwa 7 Minuten lang al dente rühren. Abgießen und beiseite stellen. Kombinieren Sie in einer großen Schüssel den Tofu nach Belieben mit der Nährhefe, Petersilie sowie Salz und Pfeffer. Gut mischen.

Zum Zusammenbau eine Schicht Tomatensauce auf dem Boden einer 9 x 13 Zoll großen Auflaufform verteilen. Die Sauce mit einer Schicht Nudeln belegen. Die Nudeln mit der Hälfte des gerösteten Gemüses belegen und die Hälfte der Tofu-Mischung über das Gemüse verteilen. Wiederholen Sie dies mit einer weiteren Schicht Nudeln und geben Sie mehr Sauce darauf. Wiederholen Sie den Schichtvorgang mit der restlichen Gemüse-Tofu-Mischung und schließen Sie mit einer Schicht Nudeln und Sauce ab. Parmesan darüber streuen.

Abdecken und 45 Minuten backen. Nehmen Sie den Deckel ab und backen Sie weitere 10 Minuten. Aus dem Ofen nehmen und vor dem Schneiden 10 Minuten stehen lassen.

39. Lasagne mit Radicchio und Pilzen

Ergibt 6 Portionen

- 1 Esslöffel Olivenöl
- 2 gehackte Knoblauchzehen
- 1 kleiner Kopf Radicchio, geschreddert
- 8 Unzen Cremini-Pilze, leicht gespült, trocken getupft und in dünne Scheiben geschnitten
- Salz und frisch gemahlener schwarzer Pfeffer
- 8 Unzen Lasagnennudeln
- 1 Pfund fester Tofu, abgetropft, trocken getupft und zerbröckelt
- 1 Pfund weicher Tofu, abgetropft, trocken getupft und zerbröckelt

- 3 Esslöffel Hefe
- 2 Esslöffel gehackte frische Petersilie
- 3 Tassen Marinara-Sauce, hausgemacht (siehe Marinara-Sauce) oder im Laden gekauft

In einer großen Pfanne das Öl bei mittlerer Hitze erhitzen. Fügen Sie den Knoblauch, Radicchio und Pilze hinzu. Abdecken und unter gelegentlichem Rühren ca. 10 Minuten kochen, bis sie weich sind. Mit Salz und Pfeffer abschmecken und beiseite stellen

In einem Topf mit kochendem Salzwasser die Nudeln bei mittlerer Hitze kochen und gelegentlich etwa 7 Minuten lang al dente rühren. Abgießen und beiseite stellen. Ofen auf 350 ° F vorheizen.

Kombinieren Sie in einer großen Schüssel den festen und weichen Tofu. Fügen Sie die Nährhefe und Petersilie hinzu und mischen Sie, bis alles gut vermischt ist. Die Radicchio-Pilz-Mischung untermischen und mit Salz und Pfeffer abschmecken.

Löffeln Sie eine Schicht der Tomatensauce in den Boden der 9 x 13-Zoll-Auflaufform. Top mit einer Schicht der Nudeln. Die Hälfte der Tofu-Mischung gleichmäßig auf die Nudeln verteilen. Wiederholen Sie dies mit einer weiteren Schicht Nudeln, gefolgt von einer Schicht Sauce. Die restliche Tofu-Mischung darauf verteilen und mit einer letzten Schicht Nudeln und Sauce abschließen. Die Oberseite mit gemahlenen Walnüssen bestreuen.

Mit Folie abdecken und 45 Minuten backen. Deckel abnehmen und 10 Minuten länger backen. Vor dem Servieren 10 Minuten stehen lassen.

40. Lasagne Primavera

Ergibt 6 bis 8 Portionen

- 8 Unzen Lasagnennudeln
- 2 Esslöffel Olivenöl
- 1 kleine gelbe Zwiebel, gehackt
- 3 gehackte Knoblauchzehen
- 6 Unzen seidiger Tofu, abgetropft
- 3 Tassen ungesüßte Sojamilch
- 3 Esslöffel Hefe
- ⅛ Teelöffel gemahlene Muskatnuss
- Salz und frisch gemahlener schwarzer Pfeffer
- 2 Tassen gehackte Brokkoliröschen
- 2 mittelgroße Karotten, gehackt

- 1 kleine Zucchini, längs halbiert oder geviertelt und in ¼-Zoll-Scheiben geschnitten
- 1 mittelrote Paprika, gehackt
- 2 Pfund fester Tofu, abgetropft und trocken getupft
- 2 Esslöffel gehackte frische Petersilie
- ½ Tasse veganer Parmesan oderParmasio
- ½ Tasse gemahlene Mandeln oder Pinienkerne

Heizen Sie den Ofen auf 350 ° F vor. In einem Topf mit kochendem Salzwasser die Nudeln bei mittlerer Hitze kochen und gelegentlich etwa 7 Minuten lang al dente rühren. Abgießen und beiseite stellen.

In einer kleinen Pfanne das Öl bei mittlerer Hitze erhitzen. Fügen Sie die Zwiebel und den Knoblauch hinzu, decken Sie sie ab und kochen Sie sie ca. 5 Minuten lang, bis sie weich sind. Übertragen Sie die Zwiebelmischung in einen Mixer. Fügen Sie den seidenen Tofu, Sojamilch, Nährhefe, Muskatnuss sowie Salz und Pfeffer nach Geschmack hinzu. Alles glatt rühren und beiseite stellen.

Brokkoli, Karotten, Zucchini und Paprika zart dünsten. Vom Herd nehmen. Den festen Tofu in eine große Schüssel geben. Fügen Sie die Petersilie und ¼ Tasse Parmesan hinzu und würzen Sie mit Salz und Pfeffer nach Geschmack. Mischen, bis alles gut vermischt ist. Das gedämpfte Gemüse einrühren und gut mischen. Bei Bedarf mehr Salz und Pfeffer hinzufügen.

Löffeln Sie eine Schicht der weißen Sauce in den Boden einer leicht geölten 9 x 13-Zoll-Auflaufform. Top mit einer Schicht der Nudeln. Die Hälfte der Tofu-

Gemüse-Mischung gleichmäßig auf die Nudeln verteilen. Wiederholen Sie dies mit einer weiteren Schicht Nudeln, gefolgt von einer Schicht Sauce. Die restliche Tofu-Mischung darauf verteilen und mit einer letzten Schicht Nudeln und Sauce abschließen, die mit dem restlichen ¼ Tasse Parmesan endet.Mit Folie abdecken und 45 Minuten backen.

41. Lasagne mit schwarzen Bohnen und Kürbis

Ergibt 6 bis 8 Portionen

- 12 Lasagnennudeln
- 1 Esslöffel Olivenöl
- 1 mittelgelbe Zwiebel, gehackt
- 1 mittelrote Paprika, gehackt
- 2 gehackte Knoblauchzehen
- 1½ Tassen gekocht oder 1 (15,5 Unzen) Dose schwarze Bohnen, abgetropft und gespült
- (14,5 Unzen) können Tomaten zerkleinern
- 2 Teelöffel Chilipulver
- Salz und frisch gemahlener schwarzer Pfeffer
- 1 Pfund fester Tofu, gut durchlässig
- 3 Esslöffel gehackte frische Petersilie oder Koriander
- 1 (16 Unzen) kann Kürbispüree
- 3 Tassen Tomatensalsa, hausgemacht (siehe Frisches Tomatensalsa) oder im Laden gekauft

In einem Topf mit kochendem Salzwasser die Nudeln bei mittlerer Hitze kochen und gelegentlich etwa 7 Minuten lang al dente rühren. Abgießen und beiseite stellen. Heizen Sie den Ofen auf 375 ° F vor.

In einer großen Pfanne das Öl bei mittlerer Hitze erhitzen. Fügen Sie die Zwiebel hinzu, decken Sie sie ab und kochen Sie sie, bis sie weich ist. Fügen Sie die Paprika und den Knoblauch hinzu und kochen Sie sie 5 Minuten länger, bis sie weich sind. Bohnen, Tomaten, 1 Teelöffel Chilipulver sowie Salz und schwarzen Pfeffer nach Belieben einrühren. Gut mischen und beiseite stellen.

Kombinieren Sie in einer großen Schüssel den Tofu, die Petersilie, den restlichen 1 Teelöffel Chilipulver sowie Salz und schwarzen Pfeffer nach Geschmack. Beiseite legen. Kombinieren Sie in einer mittelgroßen Schüssel den Kürbis mit der Salsa und rühren Sie um, um gut zu mischen. Mit Salz und Pfeffer abschmecken.

Verteilen Sie etwa ¾ Tasse der Kürbismischung auf dem Boden einer 9 x 13 Zoll großen Auflaufform. Top mit 4 der Nudeln. Top mit der Hälfte der Bohnenmischung, gefolgt von der Hälfte der Tofu-Mischung. Top mit vier der Nudeln, gefolgt von einer Schicht der Kürbismischung, dann die restliche Bohnenmischung, gekrönt mit den restlichen Nudeln. Verteilen Sie die restliche Tofu-Mischung auf den Nudeln, gefolgt von der restlichen Kürbismischung, und verteilen Sie sie auf den Rand der Pfanne.

Mit Folie abdecken und ca. 50 Minuten backen, bis sie heiß und sprudelnd sind. Aufdecken, mit Kürbiskernen bestreuen und 10 Minuten vor dem Servieren stehen lassen.

42. Mit Mangold gefüllte Manicotti

Ergibt 4 Portionen

- 12 Manicotti
- 3 Esslöffel Olivenöl
- 1 kleine Zwiebel, gehackt
- 1 mittelgroßer Bund Mangold, zähe Stängel geschnitten und gehackt
- 1 Pfund fester Tofu, abgetropft und zerbröckelt
- Salz und frisch gemahlener schwarzer Pfeffer
- 1 Tasse rohe Cashewnüsse
- 3 Tassen ungesüßte Sojamilch

- ⅛ Teelöffel gemahlene Muskatnuss
- ⅛ Teelöffel gemahlener Cayennepfeffer
- 1 Tasse trockene, ungewürzte Semmelbrösel

Heizen Sie den Ofen auf 350 ° F vor. Eine 9 x 13 Zoll große Auflaufform leicht einölen und beiseite stellen.

In einem Topf mit kochendem Salzwasser die Manicotti bei mittlerer Hitze kochen und gelegentlich etwa 8 Minuten lang al dente rühren. Gut abtropfen lassen und unter kaltem Wasser laufen lassen. Beiseite legen.

In einer großen Pfanne 1 Esslöffel Öl bei mittlerer Hitze erhitzen. Fügen Sie die Zwiebel hinzu, decken Sie sie ab und kochen Sie sie, bis sie etwa 5 Minuten weich ist. Fügen Sie den Mangold hinzu, decken Sie ihn ab und kochen Sie ihn, bis der Mangold weich ist. Rühren Sie ihn gelegentlich etwa 10 Minuten lang um. Vom Herd nehmen und den Tofu unter Rühren hinzufügen, um gut zu mischen. Mit Salz und Pfeffer abschmecken und beiseite stellen.

Mahlen Sie die Cashewnüsse in einem Mixer oder einer Küchenmaschine zu einem Pulver. Fügen Sie 1½ Tassen Sojamilch, Muskatnuss, Cayennepfeffer und Salz nach Geschmack hinzu. Mixen, bis alles glatt ist. Fügen Sie die restlichen 1½ Tassen Sojamilch hinzu und mischen Sie bis cremig. Probieren Sie die Gewürze und passen Sie sie gegebenenfalls an.

Verteilen Sie eine Schicht der Sauce auf dem Boden der vorbereiteten Auflaufform. Packen Sie etwa ⅓ Tasse Mangoldfüllung in die Manicotti. Die gefüllten

Manicotti in einer Schicht in die Auflaufform geben.
Die restliche Sauce über die Manicotti geben. In einer
kleinen Schüssel die Semmelbrösel und die restlichen 2
Esslöffel Öl vermischen und über die Manicotti streuen.
Mit Folie abdecken und ca. 30 Minuten backen, bis sie
heiß und sprudelnd sind. Sofort servieren.

43. Spinat Manicotti

Ergibt 4 Portionen

- 12 Manicotti
- 1 Esslöffel Olivenöl
- 2 mittelgroße Schalotten, gehackt
- 2 (10 Unzen) Packungen gefrorener gehackter Spinat, aufgetaut
- 1 Pfund extra fester Tofu, abgetropft und zerbröckelt
- ¼ Teelöffel gemahlene Muskatnuss
- Salz und frisch gemahlener schwarzer Pfeffer
- 1 Tasse geröstete Walnussstücke
- 1 Tasse weicher Tofu, abgetropft und zerbröckelt
- ¼ Tasse Nährhefe
- 2 Tassen ungesüßte Sojamilch
- 1 Tasse trockene Semmelbrösel

Heizen Sie den Ofen auf 350 ° F vor. Eine 9 x 13 Zoll große Auflaufform leicht einölen. In einem Topf mit kochendem Salzwasser die Manicotti bei mittlerer Hitze kochen und gelegentlich etwa 10 Minuten lang al dente rühren. Gut abtropfen lassen und unter kaltem Wasser laufen lassen. Beiseite legen.

In einer großen Pfanne das Öl bei mittlerer Hitze erhitzen. Fügen Sie die Schalotten hinzu und kochen Sie sie ca. 5 Minuten lang, bis sie weich sind. Drücken Sie den Spinat zusammen, um so viel Flüssigkeit wie möglich zu entfernen, und geben Sie ihn zu den Schalotten. Mit Muskatnuss, Salz und Pfeffer abschmecken und 5 Minuten unter Rühren kochen, um die Aromen zu mischen. Fügen Sie den extra festen Tofu hinzu und rühren Sie um, um gut zu mischen. Beiseite legen.

In einer Küchenmaschine die Walnüsse fein zerkleinern. Fügen Sie den weichen Tofu, die Nährhefe, die Sojamilch sowie Salz und Pfeffer nach Geschmack hinzu. Prozess bis glatt.

Eine Schicht Walnusssauce auf den Boden der vorbereiteten Auflaufform geben. Füllen Sie die Manicotti mit der Füllung. Die gefüllten Manicotti in einer Schicht in die Auflaufform geben. Die restliche Sauce darüber geben. Mit Folie abdecken und ca. 30 Minuten heiß backen. Decken Sie es ab, bestreuen Sie es mit Semmelbröseln und backen Sie weitere 10 Minuten, um die Oberseite leicht zu bräunen. Sofort servieren.

44. Lasagne Windräder

Ergibt 4 Portionen

- 12 Lasagnennudeln
- 4 Tassen leicht verpackter frischer Spinat
- 1 Tasse gekochte oder konservierte weiße Bohnen, abgetropft und gespült
- 1 Pfund fester Tofu, abgetropft und trocken getupft
- ½ Teelöffel Salz
- ¼ Teelöffel frisch gemahlener schwarzer Pfeffer
- ⅛ Teelöffel gemahlene Muskatnuss
- 3 Tassen Marinara-Sauce, hausgemacht (siehe Marinara-Sauce) oder im Laden gekauft

Heizen Sie den Ofen auf 350 ° F vor. In einem Topf mit kochendem Salzwasser die Nudeln bei mittlerer bis hoher Hitze unter gelegentlichem Rühren etwa 7 Minuten lang al dente kochen.

Legen Sie den Spinat in eine mikrowellengeeignete Schüssel mit 1 Esslöffel Wasser. Abdecken und 1 Minute lang in die Mikrowelle stellen, bis sie welk sind. Aus der Schüssel nehmen und die restliche Flüssigkeit herausdrücken. Übertragen Sie den Spinat in eine Küchenmaschine und pulsieren Sie, um zu hacken. Fügen Sie die Bohnen, Tofu, Salz und Pfeffer hinzu und verarbeiten Sie, bis alles gut vermischt ist. Beiseite legen.

Legen Sie die Nudeln zum Zusammenbau der Windräder auf eine ebene Arbeitsfläche. Verteilen Sie etwa 3 Esslöffel Tofu-Spinat-Mischung auf der Oberfläche jeder Nudel und rollen Sie sie auf. Wiederholen Sie mit den restlichen Zutaten. Eine Schicht der Tomatensauce auf dem Boden einer flachen Auflaufform verteilen. Legen Sie die Brötchen aufrecht auf die Sauce und löffeln Sie einen Teil der restlichen Sauce auf jedes Windrad. Mit Folie abdecken und 30 Minuten backen. Sofort servieren.

45. Kürbisravioli mit Erbsen

Ergibt 4 Portionen

- 1 Tasse Kürbispüree aus der Dose
- ½ Tasse extrafester Tofu, gut durchlässig und zerbröckelt
- 2 Esslöffel gehackte frische Petersilie
- Prise gemahlene Muskatnuss
- Salz und frisch gemahlener schwarzer Pfeffer
- 1 Rezept Eierfreier Nudelteig

- 2 oder 3 mittelgroße Schalotten, längs halbiert und in ¼-Zoll-Scheiben geschnitten
- 1 Tasse gefrorene Erbsenbaby, aufgetaut

Verwenden Sie ein Papiertuch, um überschüssige Flüssigkeit aus dem Kürbis und dem Tofu zu tupfen, und kombinieren Sie sie dann in einer Küchenmaschine mit der Nährhefe, Petersilie, Muskatnuss sowie Salz und Pfeffer nach Geschmack. Beiseite legen.

Für die Ravioli den Nudelteig dünn auf einer leicht bemehlten Oberfläche ausrollen. Den Teig hineinschneiden

2 Zoll breite Streifen. Legen Sie 1 gehäuften Teelöffel Füllung auf 1 Nudelstreifen, etwa 1 Zoll von der Oberseite entfernt. Geben Sie einen weiteren Teelöffel Füllung auf den Nudelstreifen, etwa einen Zentimeter unter dem ersten Löffel Füllung. Wiederholen Sie dies über die gesamte Länge des Teigstreifens. Befeuchten Sie die Ränder des Teigs leicht mit Wasser und legen Sie einen zweiten Streifen Nudeln auf den ersten, der die Füllung bedeckt. Drücken Sie die beiden Teigschichten zwischen den Füllungen zusammen. Schneiden Sie die Seiten des Teigs mit einem Messer gerade, um ihn gerade zu machen, und schneiden Sie dann zwischen jedem Füllhaufen über den Teig, um quadratische Ravioli herzustellen. Achten Sie darauf, Lufteinschlüsse um die Füllung herum herauszudrücken, bevor Sie sie versiegeln. Drücken Sie mit den Zinken einer Gabel entlang der Teigkanten, um

die Ravioli zu versiegeln. Die Ravioli auf einen bemehlten Teller geben und mit dem restlichen Teig und der Sauce wiederholen. Beiseite legen.

In einer großen Pfanne das Öl bei mittlerer Hitze erhitzen. Fügen Sie die Schalotten hinzu und kochen Sie sie unter gelegentlichem Rühren etwa 15 Minuten lang, bis die Schalotten ein tiefes Goldbraun haben, aber nicht verbrannt sind. Die Erbsen einrühren und mit Salz und Pfeffer abschmecken. Bei sehr schwacher Hitze warm halten.

In einem großen Topf mit kochendem Salzwasser die Ravioli ca. 5 Minuten kochen, bis sie oben schwimmen. Gut abtropfen lassen und mit den Schalotten und Erbsen in die Pfanne geben. Kochen Sie ein oder zwei Minuten, um die Aromen zu vermischen, und geben Sie sie dann in eine große Schüssel. Mit viel Pfeffer würzen und sofort servieren.

46. Artischocken-Walnuss-Ravioli

Ergibt 4 Portionen

- ⅓ Tasse plus 2 Esslöffel Olivenöl
- 3 gehackte Knoblauchzehen
- 1 Packung gefrorener Spinat, aufgetaut und trocken gepresst
- 1 Tasse gefrorene Artischockenherzen, aufgetaut und gehackt
- ⅓ Tasse fester Tofu, abgetropft und zerbröckelt
- 1 Tasse geröstete Walnussstücke
- ¼ Tasse dicht gepackte frische Petersilie
- Salz und frisch gemahlener schwarzer Pfeffer
- 1 Rezept Eierfreier Nudelteig
- 12 frische Salbeiblätter

In einer großen Pfanne 2 Esslöffel Öl bei mittlerer Hitze erhitzen. Fügen Sie die Knoblauch-, Spinat- und Artischockenherzen hinzu. Abdecken und kochen, bis der Knoblauch weich ist und die Flüssigkeit absorbiert ist, ca. 3 Minuten unter gelegentlichem Rühren. Übertragen Sie die Mischung in eine Küchenmaschine. Fügen Sie den Tofu, ¼ Tasse Walnüsse, die Petersilie sowie Salz und Pfeffer nach Geschmack hinzu. Prozess bis zerkleinert und gründlich gemischt.

Zum Abkühlen beiseite stellen.

Um die Ravioli zuzubereiten, rollen Sie den Teig sehr dünn (ca. ⅛ Zoll) auf einer leicht bemehlten Oberfläche aus und schneiden Sie ihn in 2 Zoll breite Streifen. Legen Sie 1 gehäuften Teelöffel Füllung auf einen Nudelstreifen, etwa 1 Zoll von der Oberseite entfernt. Geben Sie einen weiteren Teelöffel Füllung auf den Nudelstreifen, etwa 1 Zoll unter dem ersten Löffel Füllung. Wiederholen Sie dies über die gesamte Länge des Teigstreifens.

Befeuchten Sie die Ränder des Teigs leicht mit Wasser und legen Sie einen zweiten Streifen Nudeln auf den ersten, der die Füllung bedeckt.

Drücken Sie die beiden Teigschichten zwischen den Füllungen zusammen. Verwenden Sie ein Messer, um die Seiten des Teigs gerade zu schneiden, und schneiden Sie dann den Teig zwischen jedem Füllhaufen durch, um quadratische Ravioli herzustellen. Drücken Sie mit den Zinken einer Gabel entlang der Teigkanten, um die Ravioli zu versiegeln. Die Ravioli auf einen bemehlten Teller geben und mit dem restlichen Teig und der Füllung wiederholen.

Kochen Sie die Ravioli in einem großen Topf mit kochendem Salzwasser, bis sie nach oben schwimmen (ca. 7 Minuten). Gut abtropfen lassen und beiseite stellen. In einer großen Pfanne das verbleibende ⅓ Tassenöl bei mittlerer Hitze erhitzen. Fügen Sie den Salbei und die restlichen ¾ Tasse Walnüsse hinzu und kochen Sie, bis der Salbei knusprig und die Walnüsse duftend werden.

Fügen Sie die gekochten Ravioli hinzu und kochen Sie sie unter leichtem Rühren, um sie mit der Sauce zu bestreichen und zu erhitzen. Sofort servieren.

47. Tortellini mit Orangensauce

Ergibt 4 Portionen

- 1 Esslöffel Olivenöl
- 3 Knoblauchzehen, fein gehackt
- 1 Tasse fester Tofu, abgetropft und zerbröckelt
- ¾ Tasse gehackte frische Petersilie
- ¼ Tasse veganer Parmesan oderParmasio
- Salz und frisch gemahlener schwarzer Pfeffer
- 1 Rezept Eierfreier Nudelteig
- 2½ Tassen Marinara-Sauce, hausgemacht (sieheMarinara-Sauce) oder im Laden gekaufte Schale von 1 Orange

- ½ Teelöffel zerkleinerter roter Pfeffer
- ½ Tasse Sojasahne oder ungesüßte Sojamilch

In einer großen Pfanne das Öl bei mittlerer Hitze erhitzen. Fügen Sie den Knoblauch hinzu und kochen Sie ihn ca. 1 Minute lang, bis er weich ist. Tofu, Petersilie, Parmesan sowie Salz und schwarzen Pfeffer nach Belieben einrühren. Mischen, bis alles gut vermischt ist. Zum Abkühlen beiseite stellen.

Um die Tortellini zuzubereiten, rollen Sie den Teig dünn aus (ca. ⅛ Zoll) und schneiden Sie ihn in 2½-Zoll-Quadrate. Platz

1 Teelöffel Füllung direkt außerhalb der Mitte und eine Ecke des Nudelquadrats über die Füllung falten, um ein Dreieck zu bilden. Drücken Sie die Kanten zusammen, um sie zu versiegeln, und wickeln Sie dann das Dreieck mit dem Mittelpunkt nach unten um Ihren Zeigefinger. Drücken Sie die Enden zusammen, damit sie haften. Falten Sie den Punkt des Dreiecks nach unten und schieben Sie Ihren Finger ab. Auf einen leicht bemehlten Teller legen und mit dem Rest des Teigs und der Füllung fortfahren.

Kombinieren Sie in einem großen Topf die Marinara-Sauce, die Orangenschale und den zerkleinerten roten Pfeffer. Erhitzen, bis es heiß ist, dann den Sojasahne einrühren und bei sehr schwacher Hitze warm halten.

In einem Topf mit kochendem Salzwasser die Tortellini ca. 5 Minuten kochen, bis sie oben schwimmen. Gut abtropfen lassen und in eine große Schüssel geben. Fügen Sie die Sauce hinzu und werfen Sie sie vorsichtig um. Sofort servieren.

48. Gemüse Lo Mein Mit Tofu

Ergibt 4 Portionen

- 12 Unzen Linguine
- 1 Esslöffel geröstetes Sesamöl
- 3 Esslöffel Sojasauce
- 2 Esslöffel trockener Sherry
- 1 Esslöffel Wasser
- Prise Zucker
- 1 Esslöffel Maisstärke

- 2 Esslöffel Raps oder Traubenkernöl
- 1 Pfund extra fester Tofu, abgetropft und gewürfelt
- 1 mittelgroße Zwiebel, halbiert und in dünne Scheiben geschnitten
- 3 Tassen kleine Brokkoliröschen
- 1 mittelgroße Karotte, in ¼-Zoll-Scheiben geschnitten
- 1 Tasse geschnittener frischer Shiitake oder weiße Pilze
- 2 gehackte Knoblauchzehen
- 2 Teelöffel geriebener frischer Ingwer
- 2 grüne Zwiebeln, gehackt

In einem großen Topf mit kochendem Salzwasser die Linguine unter gelegentlichem Rühren etwa 10 Minuten lang kochen, bis sie weich ist. Gut abtropfen lassen und in eine Schüssel geben. 1 Teelöffel Sesamöl hinzufügen und zum Überziehen werfen. Beiseite legen.

Kombinieren Sie in einer kleinen Schüssel die Sojasauce, Sherry, Wasser, Zucker und die restlichen 2 Teelöffel Sesamöl. Fügen Sie die Maisstärke hinzu und rühren Sie um, um sich aufzulösen. Beiseite legen.

In einer großen Pfanne oder einem Wok 1 Esslöffel Raps bei mittlerer bis hoher Hitze erhitzen. Fügen Sie den Tofu hinzu und kochen Sie ihn ca. 10 Minuten lang goldbraun. Aus der Pfanne nehmen und beiseite stellen.

Das restliche Rapsöl in derselben Pfanne erneut erhitzen. Fügen Sie die Zwiebel, den Brokkoli und die Karotte hinzu und braten Sie sie etwa 7 Minuten lang an, bis sie gerade zart sind. Fügen Sie die Pilze, den Knoblauch, den Ingwer und die Frühlingszwiebeln hinzu und braten Sie sie 2 Minuten lang an. Die Sauce und die gekochte Linguine einrühren und gut mischen. Kochen, bis es durchgeheizt ist. Probieren Sie, passen Sie die Gewürze an und fügen Sie bei Bedarf mehr Sojasauce hinzu. Sofort servieren.

49. Pad Thai

Ergibt 4 Portionen

- 12 Unzen getrocknete Reisnudeln
- ⅓ Tasse Sojasauce
- 2 Esslöffel frischer Limettensaft
- 2 Esslöffel hellbrauner Zucker
- 1 Esslöffel Tamarindenpaste (siehe Kopfnote)
- 1 Esslöffel Tomatenmark
- 3 Esslöffel Wasser
- ½ Teelöffel zerkleinerter roter Pfeffer
- 3 Esslöffel Raps oder Traubenkernöl
- 1 Pfund extrafester Tofu, abgetropft, gepresst (siehe Tofu) und in ½-Zoll-Würfel schneiden

- 4 Frühlingszwiebeln, gehackt
- 2 gehackte Knoblauchzehen
- $\frac{1}{3}$ Tasse grob gehackte trocken geröstete ungesalzene Erdnüsse
- 1 Tasse Sojasprossen zum Garnieren
- 1 Limette, in Keile geschnitten, zum Garnieren

Die Nudeln je nach Dicke der Nudeln 5 bis 15 Minuten in einer großen Schüssel mit heißem Wasser einweichen, bis sie weich sind. Gut abtropfen lassen und unter kaltem Wasser abspülen. Die abgetropften Nudeln in eine große Schüssel geben und beiseite stellen.

Kombinieren Sie in einer kleinen Schüssel Sojasauce, Limettensaft, Zucker, Tamarindenpaste, Tomatenmark, Wasser und zerkleinerten roten Pfeffer. Umrühren, um gut zu mischen und beiseite stellen.

In einer großen Pfanne oder einem Wok 2 Esslöffel Öl bei mittlerer Hitze erhitzen. Fügen Sie den Tofu hinzu und braten Sie ihn ca. 5 Minuten lang goldbraun an. Auf eine Platte geben und beiseite stellen.

In der gleichen Pfanne oder im gleichen Wok den restlichen 1 Esslöffel Öl bei mittlerer Hitze erhitzen. Fügen Sie die Zwiebel hinzu und braten Sie sie 1 Minute lang an. Fügen Sie die Frühlingszwiebeln und den Knoblauch hinzu, braten Sie sie 30 Sekunden lang an, fügen Sie dann den gekochten Tofu hinzu und kochen Sie sie etwa 5 Minuten lang, wobei Sie sie gelegentlich umrühren, bis sie goldbraun sind. Fügen Sie die gekochten Nudeln hinzu und werfen Sie sie, um sie zu kombinieren und zu erhitzen.

Die Sauce einrühren und kochen, zum Überziehen werfen und bei Bedarf ein oder zwei Spritzer zusätzliches Wasser hinzufügen, um ein Anhaften zu verhindern. Wenn die Nudeln heiß und zart sind, legen Sie sie auf eine Servierplatte und bestreuen Sie sie mit Erdnüssen und Koriander. Mit Sojasprossen und Limettenschnitzen an der Seite der Platte garnieren. Heiß servieren.

50. Betrunkene Spaghetti mit Tofu

Ergibt 4 Portionen

- 12 Unzen Spaghetti
- 3 Esslöffel Sojasauce
- 1 Esslöffel vegetarische Austernsauce (optional)
- 1 Teelöffel hellbrauner Zucker
- 8 Unzen extra fester Tofu, abgetropft und gepresst (siehe Tofu)
- 2 Esslöffel Raps oder Traubenkernöl
- 1 mittelrote Zwiebel, in dünne Scheiben geschnitten
- 1 mittelrote Paprika, in dünne Scheiben geschnitten

- 1 Tasse Erbsen, geschnitten
- 2 gehackte Knoblauchzehen
- ½ Teelöffel zerkleinerter roter Pfeffer
- 1 Tasse frische thailändische Basilikumblätter

In einem Topf mit kochendem Salzwasser die Spaghetti bei mittlerer Hitze kochen und gelegentlich etwa 8 Minuten lang al dente rühren. Gut abtropfen lassen und in eine große Schüssel geben. Kombinieren Sie in einer kleinen Schüssel die Sojasauce, die Austernsauce (falls verwendet) und den Zucker. Gut mischen, dann auf die reservierten Spaghetti gießen und zum Überziehen werfen. Beiseite legen.

Schneiden Sie den Tofu in ½-Zoll-Streifen. In einer großen Pfanne oder einem Wok 1 Esslöffel Öl bei mittlerer bis hoher Hitze erhitzen. Fügen Sie den Tofu hinzu und kochen Sie ihn ca. 5 Minuten lang goldbraun. Aus der Pfanne nehmen und beiseite stellen.

Stellen Sie die Pfanne wieder auf den Herd und geben Sie den restlichen 1 Esslöffel Rapsöl hinzu. Fügen Sie die Zwiebel, Paprika, Erbsen, Knoblauch und zerkleinerten roten Pfeffer hinzu. Braten Sie, bis das Gemüse gerade zart ist, ungefähr 5 Minuten. Fügen Sie die gekochte Spaghetti-Sauce-Mischung, den gekochten Tofu und das Basilikum hinzu und braten Sie sie ca. 4 Minuten lang heiß an.

ТЕМРЕН

1. Spaghetti nach Carbonara-Art

Ergibt 4 Portionen

- 2 Esslöffel Olivenöl
- 3 mittelgroße Schalotten, gehackt
- 4 Unzen Tempeh Speck, hausgemacht (siehe Tempeh Bacon) oder im Laden gekauft, gehackt
- 1 Tasse ungesüßte Sojamilch
- ½ Tasse weicher oder seidiger Tofu, abgetropft
- ¼ Tasse Nährhefe
- Salz und frisch gemahlener schwarzer Pfeffer
- 1 Pfund Spaghetti
- 3 Esslöffel gehackte frische Petersilie

In einer großen Pfanne das Öl bei mittlerer Hitze erhitzen. Fügen Sie die Schalotten hinzu und kochen Sie bis zart, ungefähr 5 Minuten. Fügen Sie den Tempeh-Speck hinzu und kochen Sie ihn unter häufigem Rühren etwa 5 Minuten lang, bis er leicht gebräunt ist. Beiseite legen.

Kombinieren Sie in einem Mixer Sojamilch, Tofu, Nährhefe sowie Salz und Pfeffer nach Geschmack. Mixen, bis alles glatt ist. Beiseite legen.

In einem großen Topf mit kochendem Salzwasser die Spaghetti bei mittlerer Hitze kochen und gelegentlich etwa 10 Minuten lang al dente rühren. Gut abtropfen lassen und in eine große Schüssel geben. Fügen Sie die Tofu-Mischung, ¼ Tasse Parmesan und alle bis auf 2 Esslöffel der Tempeh-Speck-Mischung hinzu.

Zum Kombinieren und Schmecken vorsichtig umrühren, bei Bedarf die Gewürze anpassen und bei zu trockener etwas mehr Sojamilch hinzufügen. Mit mehreren Pfeffermühlen, dem restlichen Tempeh-Speck, dem restlichen Parmesan und der Petersilie belegen. Sofort servieren.

2. Tempeh und Gemüse unter Rühren braten

Ergibt 4 Portionen

- 10 Unzen Tempeh
- Salz und frisch gemahlener schwarzer Pfeffer
- 2 Teelöffel Maisstärke
- 4 Tassen kleine Brokkoliröschen
- 2 Esslöffel Raps oder Traubenkernöl
- 2 Esslöffel Sojasauce
- 2 Esslöffel Wasser
- 1 Esslöffel Mirin
- ½ Teelöffel zerkleinerte rote Paprika
- 2 Teelöffel geröstetes Sesamöl
- 1 mittelrote Paprika, in ½-Zoll-Scheiben geschnitten
- 6 Unzen weiße Pilze, leicht gespült, trocken getupft und in ½-Zoll-Scheiben geschnitten
- 2 gehackte Knoblauchzehen
- 3 Esslöffel gehackte Frühlingszwiebeln

- 1 Teelöffel geriebener frischer Ingwer

In einem mittelgroßen Topf mit siedendem Wasser das Tempeh 30 Minuten kochen. Abgießen, trocken tupfen und zum Abkühlen beiseite stellen. Schneiden Sie das Tempeh in ½-Zoll-Würfel und legen Sie es in eine flache Schüssel. Mit Salz und schwarzem Pfeffer abschmecken, mit der Maisstärke bestreuen und zum Überziehen werfen. Beiseite legen.

Den Brokkoli leicht dünsten, bis er fast zart ist, ca. 5 Minuten. Unter kaltem Wasser laufen lassen, um den Garvorgang zu stoppen und die hellgrüne Farbe beizubehalten. Beiseite legen.

In einer großen Pfanne oder einem Wok 1 Esslöffel Rapsöl bei mittlerer bis hoher Hitze erhitzen. Fügen Sie das Tempeh hinzu und braten Sie es etwa 5 Minuten lang goldbraun an. Aus der Pfanne nehmen und beiseite stellen.

Kombinieren Sie in einer kleinen Schüssel Sojasauce, Wasser, Mirin, zerkleinerten roten Pfeffer und Sesamöl. Beiseite legen.

Erhitzen Sie dieselbe Pfanne bei mittlerer bis hoher Hitze. Fügen Sie den restlichen 1 Esslöffel Rapsöl hinzu. Fügen Sie die Paprika und die Pilze hinzu und braten Sie sie ca. 3 Minuten lang, bis sie weich sind. Fügen Sie den Knoblauch, die Frühlingszwiebeln und den Ingwer hinzu und braten Sie 1 Minute unter Rühren. Den gedämpften Brokkoli und das gebratene Tempeh hinzufügen und 1 Minute unter Rühren braten. Rühren Sie die Sojasaucenmischung ein und braten Sie sie an, bis das Tempeh und das Gemüse heiß und gut mit der Sauce überzogen sind. Sofort servieren.

3. Teriyaki Tempeh

Ergibt 4 Portionen

- 1 Pfund Tempeh, in ¼-Zoll-Scheiben schneiden
- ¼ Tasse frischer Zitronensaft
- 1 Teelöffel gehackter Knoblauch
- 2 Esslöffel gehackte Frühlingszwiebeln
- 2 Teelöffel geriebener frischer Ingwer
- 1 Esslöffel Zucker
- 2 Esslöffel geröstetes Sesamöl
- 1 Esslöffel Maisstärke
- 2 Esslöffel Wasser
- 2 Esslöffel Raps oder Traubenkernöl

In einem mittelgroßen Topf mit siedendem Wasser das Tempeh 30 Minuten kochen. Abgießen und in eine große flache Schüssel geben. Kombinieren Sie in einer kleinen Schüssel Sojasauce, Zitronensaft, Knoblauch, Frühlingszwiebeln, Ingwer, Zucker, Sesamöl, Maisstärke und Wasser. Gut mischen, dann die Marinade über das gekochte Tempeh gießen und zum Überziehen wenden. Das Tempeh 1 Stunde lang marinieren.

In einer großen Pfanne das Rapsöl bei mittlerer Hitze erhitzen. Entfernen Sie das Tempeh aus der Marinade und reservieren Sie die Marinade. Das Tempeh in die heiße Pfanne geben und auf beiden Seiten goldbraun kochen, ca. 4 Minuten pro Seite. Die reservierte Marinade hinzufügen und ca. 8 Minuten köcheln lassen, bis die Flüssigkeit eindickt. Sofort servieren.

4. Gegrilltes Tempeh

Ergibt 4 Portionen

- 1 Pfund Tempeh, in 2-Zoll-Riegel geschnitten
- 2 Esslöffel Olivenöl
- 1 mittelgroße Zwiebel, gehackt
- 1 mittelrote Paprika, gehackt
- 2 gehackte Knoblauchzehen
- (14,5 Unzen) können Tomaten zerkleinern
- 2 Esslöffel dunkle Melasse
- 2 Esslöffel Apfelessig
- Esslöffel Sojasauce
- 2 Teelöffel würziger brauner Senf
- 1 Esslöffel Zucker
- ½ Teelöffel Salz
- ¼ Teelöffel gemahlener Piment
- ¼ Teelöffel gemahlener Cayennepfeffer

In einem mittelgroßen Topf mit siedendem Wasser das Tempeh 30 Minuten kochen. Abgießen und beiseite stellen.

In einem großen Topf 1 Esslöffel Öl bei mittlerer Hitze erhitzen. Fügen Sie die Zwiebel, Paprika und Knoblauch hinzu. Abdecken und ca. 5 Minuten kochen, bis sie weich sind. Tomaten, Melasse, Essig, Sojasauce, Senf, Zucker, Salz, Piment und Cayennepfeffer unterrühren und zum Kochen bringen. Reduzieren Sie die Hitze auf niedrig und köcheln Sie unbedeckt 20 Minuten lang.

In einer großen Pfanne den restlichen 1 Esslöffel Öl bei mittlerer Hitze erhitzen. Fügen Sie das Tempeh hinzu und kochen Sie es goldbraun. Drehen Sie es einmal etwa 10 Minuten lang. Fügen Sie genug von der Sauce hinzu, um das Tempeh großzügig zu beschichten. Abdecken und ca. 15 Minuten köcheln lassen, um die Aromen zu mischen. Sofort servieren.

5. Orange-Bourbon Tempeh

Ergibt 4 bis 6 Portionen

- 2 Tassen Wasser
- ½ Tasse Sojasauce
- dünne Scheiben frischer Ingwer
- 2 Knoblauchzehen, in Scheiben schneiden
- 1 Pfund Tempeh, in dünne Scheiben schneiden
- Salz und frisch gemahlener schwarzer Pfeffer
- ¼ Tasse Raps oder Traubenkernöl
- 1 Esslöffel hellbrauner Zucker
- ⅛ Teelöffel gemahlener Piment
- ⅓ Tasse frischer Orangensaft
- ¼ Tasse Bourbon oder 5 Orangenscheiben, halbiert
- 1 Esslöffel Maisstärke gemischt mit 2 Esslöffel Wasser

Kombinieren Sie in einem großen Topf Wasser, Sojasauce, Ingwer, Knoblauch und Orangenschale. Das Tempeh in die Marinade geben und zum Kochen bringen. Hitze reduzieren und 30 Minuten köcheln lassen. Entfernen Sie das Tempeh aus der Marinade und reservieren Sie die Marinade. Das Tempeh nach Belieben mit Salz und Pfeffer bestreuen. Legen Sie das Mehl in eine flache Schüssel. Das gekochte Tempeh in das Mehl eintauchen und beiseite stellen.

In einer großen Pfanne das Öl bei mittlerer Hitze erhitzen. Fügen Sie das Tempeh bei Bedarf in Chargen hinzu und kochen Sie es ca. 4 Minuten pro Seite, bis es auf beiden Seiten braun ist. Nach und nach die reservierte Marinade einrühren. Zucker, Piment, Orangensaft und Bourbon hinzufügen. Das Tempeh mit den Orangenscheiben belegen. Abdecken und ca. 20 Minuten köcheln lassen, bis die Sauce sirupartig ist und die Aromen verschmolzen sind.

Entfernen Sie das Tempeh mit einem geschlitzten Löffel oder Spatel aus der Pfanne und geben Sie es auf eine Servierplatte. Warm halten. Die Maisstärkemischung in die Sauce geben und unter Rühren kochen, um sie zu verdicken. Reduzieren Sie die Hitze auf niedrig und köcheln Sie unbedeckt unter ständigem Rühren, bis die Sauce eingedickt ist. Die Sauce über das Tempeh geben und sofort servieren.

6. Tempeh und Süßkartoffeln

Ergibt 4 Portionen

- 1 Pfund Tempeh
- 2 Esslöffel Sojasauce
- 1 Teelöffel gemahlener Koriander
- ½ Teelöffel Kurkuma
- 2 Esslöffel Olivenöl
- 3 große Schalotten, gehackt
- 1 oder 2 mittelgroße Süßkartoffeln, geschält und in ½-Zoll-Würfel geschnitten
- 2 Teelöffel geriebener frischer Ingwer
- 1 Tasse Ananassaft
- 2 Teelöffel hellbrauner Zucker
- Saft von 1 Limette

In einem mittelgroßen Topf mit siedendem Wasser das Tempeh 30 Minuten kochen. Übertragen Sie es in eine flache Schüssel. Fügen Sie 2 Esslöffel Sojasauce, Koriander und Kurkuma hinzu und werfen Sie sie zum Überziehen. Beiseite legen.

In einer großen Pfanne 1 Esslöffel Öl bei mittlerer Hitze erhitzen. Fügen Sie das Tempeh hinzu und kochen Sie es, bis es auf beiden Seiten braun ist, ungefähr 4 Minuten pro Seite. Aus der Pfanne nehmen und beiseite stellen.

In der gleichen Pfanne die restlichen 2 Esslöffel Öl bei mittlerer Hitze erhitzen. Fügen Sie die Schalotten und Süßkartoffeln hinzu. Abdecken und ca. 10 Minuten kochen, bis sie leicht erweicht und leicht gebräunt sind. Ingwer, Ananassaft, den restlichen 1 Esslöffel Sojasauce und Zucker unter Rühren einrühren. Reduzieren Sie die Hitze auf niedrig, fügen Sie das gekochte Tempeh hinzu, decken Sie es ab und kochen Sie es etwa 10 Minuten lang, bis die Kartoffeln weich sind. Das Tempeh und die Süßkartoffeln auf eine Servierplatte geben und warm halten. Rühre den Limettensaft in die Sauce und koche 1 Minute lang, um die Aromen zu mischen. Die Sauce über das Tempeh träufeln und sofort servieren.

7. Kreolisches Tempeh

Ergibt 4 bis 6 Portionen

- 1 Pfund Tempeh, in ¼-Zoll-Scheiben schneiden
- ¼ Tasse Sojasauce
- 2 Esslöffel kreolisches Gewürz
- ½ Tasse Allzweckmehl
- 2 Esslöffel Olivenöl
- 1 mittel süße gelbe Zwiebel, gehackt
- 2 Sellerierippen, gehackt
- 1 mittelgrüner Paprika, gehackt
- 3 gehackte Knoblauchzehen
- 1 (14,5 Unzen) Dose Tomatenwürfel, abgetropft
- 1 Teelöffel getrockneter Thymian
- ½ Tasse trockener Weißwein
- Salz und frisch gemahlener schwarzer Pfeffer

Legen Sie das Tempeh in einen großen Topf mit genügend Wasser, um es zu bedecken. Fügen Sie die Sojasauce und 1 Esslöffel der kreolischen Gewürze hinzu. Abdecken und 30 Minuten köcheln lassen. Entfernen Sie das Tempeh aus der Flüssigkeit und legen Sie es beiseite, wobei Sie die Flüssigkeit aufbewahren.

Kombinieren Sie in einer flachen Schüssel das Mehl mit den restlichen 2 Esslöffeln kreolischen Gewürzen und mischen Sie gut. Das Tempeh in die Mehlmischung eintauchen und gut überziehen. In einer großen Pfanne 1 Esslöffel Öl bei mittlerer Hitze erhitzen. Fügen Sie das ausgebaggerte Tempeh hinzu und kochen Sie es, bis es auf beiden Seiten braun ist, ungefähr 4 Minuten pro Seite. Nehmen Sie das Tempeh aus der Pfanne und legen Sie es beiseite.

In der gleichen Pfanne den restlichen 1 Esslöffel Öl bei mittlerer Hitze erhitzen. Zwiebel, Sellerie, Paprika und Knoblauch hinzufügen. Abdecken und ca. 10 Minuten kochen, bis das Gemüse weich ist. Rühren Sie die Tomaten ein und geben Sie das Tempeh zusammen mit Thymian, Wein und 1 Tasse der reservierten kochenden Flüssigkeit wieder in die Pfanne. Mit Salz und Pfeffer abschmecken. Zum Kochen bringen und unbedeckt etwa 30 Minuten kochen lassen, um die Flüssigkeit zu reduzieren und die Aromen zu mischen. Sofort servieren.

8. Tempeh mit Zitrone und Kapern

Ergibt 4 bis 6 Portionen

- 1 Pfund Tempeh, horizontal in ¼-Zoll-Scheiben schneiden
- ½ Tasse Sojasauce
- ½ Tasse Allzweckmehl
- Salz und frisch gemahlener schwarzer Pfeffer
- 2 Esslöffel Olivenöl
- 2 mittelgroße Schalotten, gehackt
- 2 gehackte Knoblauchzehen
- 2 Esslöffel Kapern
- ½ Tasse trockener Weißwein
- ½ Tasse Gemüsebrühe, hausgemacht (sieheLeichte Gemüsebrühe) oder im Laden gekauft
- 2 Esslöffel vegane Margarine
- Saft von 1 Zitrone
- 2 Esslöffel gehackte frische Petersilie

Legen Sie das Tempeh in einen großen Topf mit genügend Wasser, um es zu bedecken. Fügen Sie die Sojasauce hinzu und kochen Sie sie 30 Minuten lang. Das Tempeh aus dem Topf nehmen und zum Abkühlen beiseite stellen. Mehl, Salz und Pfeffer in einer flachen Schüssel nach Geschmack vermengen. Das Tempeh in die Mehlmischung eintauchen und beide Seiten bestreichen. Beiseite legen.

In einer großen Pfanne 2 Esslöffel Öl bei mittlerer Hitze erhitzen. Fügen Sie das Tempeh bei Bedarf in Chargen hinzu und kochen Sie es, bis es auf beiden Seiten braun ist, insgesamt etwa 8 Minuten. Nehmen Sie das Tempeh aus der Pfanne und legen Sie es beiseite.

In der gleichen Pfanne den restlichen 1 Esslöffel Öl bei mittlerer Hitze erhitzen. Fügen Sie die Schalotten hinzu und kochen Sie ungefähr 2 Minuten. Fügen Sie den Knoblauch hinzu und rühren Sie die Kapern, den Wein und die Brühe ein. Das Tempeh wieder in die Pfanne geben und 6 bis 8 Minuten köcheln lassen. Margarine, Zitronensaft und Petersilie unter Rühren einrühren, um die Margarine zu schmelzen. Sofort servieren.

9. Tempeh mit Ahorn & Balsamico Glasur

Ergibt 4 Portionen

- 1 Pfund Tempeh, in 2-Zoll-Riegel geschnitten
- 2 Esslöffel Balsamico-Essig
- 2 Esslöffel reiner Ahornsirup
- 1½ Esslöffel würziger brauner Senf
- 1 Teelöffel Tabasco-Sauce
- 1 Esslöffel Olivenöl
- 2 gehackte Knoblauchzehen
- ½ Tasse Gemüsebrühe, hausgemacht (sieheLeichte Gemüsebrühe) oder im Laden gekauftes Salz und frisch gemahlener schwarzer Pfeffer

In einem mittelgroßen Topf mit siedendem Wasser das Tempeh 30 Minuten kochen. Abtropfen lassen und trocken tupfen.

Kombinieren Sie in einer kleinen Schüssel Essig, Ahornsirup, Senf und Tabasco. Beiseite legen.

In einer großen Pfanne das Öl bei mittlerer Hitze erhitzen. Fügen Sie das Tempeh hinzu und kochen Sie es, bis es auf beiden Seiten braun ist. Drehen Sie es einmal, ungefähr 4 Minuten pro Seite. Fügen Sie den Knoblauch hinzu und kochen Sie 30 Sekunden länger.

Brühe einrühren und mit Salz und Pfeffer abschmecken. Erhöhen Sie die Hitze auf mittelhoch und kochen Sie unbedeckt etwa 3 Minuten lang oder bis die Flüssigkeit fast verdunstet ist.

Fügen Sie die reservierte Senfmischung hinzu und kochen Sie sie 1 bis 2 Minuten lang. Drehen Sie das Tempeh, um es mit der Sauce zu bestreichen, und glasieren Sie es gut. Achten Sie darauf, nicht zu verbrennen. Sofort servieren.

10. Verlockendes Tempeh Chili

Ergibt 4 bis 6 Portionen

- 1 Pfund Tempeh
- 1 Esslöffel Olivenöl
- 1 mittelgelbe Zwiebel, gehackt
- 1 mittelgrüner Paprika, gehackt
- 2 gehackte Knoblauchzehen
- Esslöffel Chilipulver
- 1 Teelöffel getrockneter Oregano
- 1 Teelöffel gemahlener Kreuzkümmel
- (28 Unzen) können Tomaten zerkleinern
- ½ Tasse Wasser und bei Bedarf mehr

- 1½ Tassen gekocht oder 1 (15,5 Unzen) können Pintobohnen abtropfen lassen und abspülen
- 1 (4 Unzen) Dose gehackte milde grüne Chilis, abgetropft
- Salz und frisch gemahlener schwarzer Pfeffer
- 2 Esslöffel gehackter frischer Koriander

In einem mittelgroßen Topf mit siedendem Wasser das Tempeh 30 Minuten kochen. Abgießen und abkühlen lassen, dann fein hacken und beiseite stellen.

In einem großen Topf das Öl erhitzen. Fügen Sie die Zwiebel, Paprika und Knoblauch hinzu, decken Sie sie ab und kochen Sie sie ca. 5 Minuten lang, bis sie weich sind. Fügen Sie das Tempeh hinzu und kochen Sie es unbedeckt etwa 5 Minuten lang, bis es goldbraun ist. Chilipulver, Oregano und Kreuzkümmel hinzufügen. Tomaten, Wasser, Bohnen und Chilischoten einrühren. Mit Salz und schwarzem Pfeffer abschmecken. Zum Mischen gut mischen.

Zum Kochen bringen, dann die Hitze auf niedrig reduzieren, abdecken und 45 Minuten köcheln lassen, dabei gelegentlich umrühren und bei Bedarf etwas mehr Wasser hinzufügen.

Mit Koriander bestreuen und sofort servieren.

11. Tempeh Cacciatore

Ergibt 4 bis 6 Portionen

- 1 Pfund Tempeh, in dünne Scheiben geschnitten
- 2 Esslöffel Raps- oder Traubenkernöl
- 1 mittelrote Zwiebel, in ½-Zoll-Würfel geschnitten
- mittelrote Paprika, in ½-Zoll-Würfel geschnitten
- mittlere Karotte, in ¼-Zoll-Scheiben geschnitten
- 2 gehackte Knoblauchzehen
- 1 (28 Unzen) Dose Tomatenwürfel, abgetropft
- ¼ Tasse trockener Weißwein
- 1 Teelöffel getrockneter Oregano
- 1 Teelöffel getrocknetes Basilikum
- Salz und frisch gemahlener schwarzer Pfeffer

In einem mittelgroßen Topf mit siedendem Wasser das Tempeh 30 Minuten kochen. Abtropfen lassen und trocken tupfen.

In einer großen Pfanne 1 Esslöffel Öl bei mittlerer Hitze erhitzen. Fügen Sie das Tempeh hinzu und kochen Sie es, bis es auf beiden Seiten braun ist, insgesamt 8 bis 10 Minuten. Aus der Pfanne nehmen und beiseite stellen.

In der gleichen Pfanne den restlichen 1 Esslöffel Öl bei mittlerer Hitze erhitzen. Fügen Sie die Zwiebel, Paprika, Karotte und Knoblauch hinzu. Abdecken und ca. 5 Minuten kochen, bis sie weich sind. Fügen Sie die Tomaten, Wein, Oregano, Basilikum und Salz und schwarzen Pfeffer hinzu, um zu schmecken und zum Kochen zu bringen. Reduzieren Sie die Hitze auf niedrig, fügen Sie das reservierte Tempeh hinzu und köcheln Sie unbedeckt, bis das Gemüse weich und die Aromen gut kombiniert sind (ca. 30 Minuten). Sofort servieren.

12. Indonesischer Tempeh In Kokosnusssauce

Ergibt 4 bis 6 Portionen

- 1 Pfund Tempeh, in ¼-Zoll-Scheiben schneiden
- 2 Esslöffel Raps oder Traubenkernöl
- 1 mittelgelbe Zwiebel, gehackt
- 3 gehackte Knoblauchzehen
- 1 mittelrote Paprika, gehackt
- 1 mittelgrüner Paprika, gehackt
- 1 oder 2 kleine Serrano oder andere frische scharfe Chilis, entkernt und gehackt
- 1 (14,5 Unzen) Dose Tomatenwürfel, abgetropft
- 1 (13,5 Unzen) kann ungesüßte Kokosmilch
- Salz und frisch gemahlener schwarzer Pfeffer
- ½ Tasse ungesalzene geröstete Erdnüsse, gemahlen oder zerkleinert, zum Garnieren
- 2 Esslöffel gehackter frischer Koriander zum Garnieren

In einem mittelgroßen Topf mit siedendem Wasser das Tempeh 30 Minuten kochen. Abtropfen lassen und trocken tupfen.

In einer großen Pfanne 1 Esslöffel Öl bei mittlerer Hitze erhitzen. Fügen Sie das Tempeh hinzu und kochen Sie es ungefähr 10 Minuten lang, bis es auf beiden Seiten goldbraun ist. Aus der Pfanne nehmen und beiseite stellen.

In der gleichen Pfanne den restlichen 1 Esslöffel Öl bei mittlerer Hitze erhitzen. Fügen Sie die Zwiebel, den Knoblauch, die roten und grünen Paprikaschoten und die Chilischoten hinzu. Abdecken und ca. 5 Minuten kochen, bis sie weich sind. Tomaten und Kokosmilch einrühren. Hitze reduzieren, das reservierte Tempeh hinzufügen, mit Salz und Pfeffer abschmecken und unbedeckt köcheln lassen, bis die Sauce leicht reduziert ist (ca. 30 Minuten). Mit Erdnüssen und Koriander bestreuen und sofort servieren.

13. Ingwer-Erdnuss-Tempeh

Ergibt 4 Portionen

- 1 Pfund Tempeh, in ½-Zoll-Würfel schneiden
- 2 Esslöffel Raps oder Traubenkernöl
- mittelrote Paprika, in ½-Zoll-Würfel geschnitten
- 3 Knoblauchzehen, gehackt
- kleines Bündel Frühlingszwiebeln, gehackt
- 2 Esslöffel geriebener frischer Ingwer
- 2 Esslöffel Sojasauce
- 1 Esslöffel Zucker
- ¼ Teelöffel zerkleinerter roter Pfeffer
- 1 Esslöffel Maisstärke
- 1 Tasse Wasser
- 1 Tasse zerkleinerte ungesalzene geröstete Erdnüsse
- 2 Esslöffel gehackter frischer Koriander

In einem mittelgroßen Topf mit siedendem Wasser das Tempeh 30 Minuten kochen. Abtropfen lassen und trocken tupfen. In einer großen Pfanne oder einem Wok das Öl bei mittlerer Hitze erhitzen. Fügen Sie das Tempeh hinzu und kochen Sie es ca. 8 Minuten lang, bis es leicht gebräunt ist. Fügen Sie die Paprika hinzu und braten Sie sie ca. 5 Minuten lang, bis sie weich ist. Fügen Sie den Knoblauch, die Frühlingszwiebeln und den Ingwer hinzu und braten Sie ihn 1 Minute lang, bis er duftet.

Kombinieren Sie in einer kleinen Schüssel Sojasauce, Zucker, zerkleinerten roten Pfeffer, Maisstärke und Wasser. Gut mischen, dann in die Pfanne gießen. 5 Minuten unter Rühren kochen, bis es leicht eingedickt ist. Erdnüsse und Koriander unterrühren. Sofort servieren.

14. Tempeh mit Kartoffeln und Kohl

Ergibt 4 Portionen

- 1 Pfund Tempeh, in ½-Zoll-Würfel schneiden
- 2 Esslöffel Raps oder Traubenkernöl
- 1 mittelgelbe Zwiebel, gehackt
- 1 mittelgroße Karotte, gehackt
- 1½ Esslöffel süßer ungarischer Paprika
- 2 mittelgroße rostrote Kartoffeln, geschält und in ½-Zoll-Würfel geschnitten
- 3 Tassen Kohlschnitzel
- 1 (14,5 Unzen) Dose Tomatenwürfel, abgetropft
- ¼ Tasse trockener Weißwein
- 1 Tasse Gemüsebrühe, hausgemacht (siehe Leichte Gemüsebrühe) oder im Laden gekauftes Salz und frisch gemahlener schwarzer Pfeffer
- ½ Tasse vegane saure Sahne, hausgemacht (sieheTofu Sauerrahm) oder im Laden gekauft (optional)

In einem mittelgroßen Topf mit siedendem Wasser das Tempeh 30 Minuten kochen. Abtropfen lassen und trocken tupfen.

In einer großen Pfanne 1 Esslöffel Öl bei mittlerer Hitze erhitzen. Fügen Sie das Tempeh hinzu und kochen Sie es ungefähr 10 Minuten lang, bis es auf beiden Seiten goldbraun ist. Tempeh entfernen und beiseite stellen.

In der gleichen Pfanne den restlichen 1 Esslöffel Öl bei mittlerer Hitze erhitzen. Fügen Sie die Zwiebel und die Karotte hinzu, decken Sie sie ab und kochen Sie sie etwa 10 Minuten lang, bis sie weich sind. Paprika, Kartoffeln, Kohl, Tomaten, Wein und Brühe einrühren und zum Kochen bringen. Mit Salz und Pfeffer abschmecken

Reduzieren Sie die Hitze auf mittel, fügen Sie das Tempeh hinzu und köcheln Sie unbedeckt 30 Minuten lang oder bis das Gemüse zart ist und die Aromen gemischt sind. Bei Verwendung die saure Sahne unterrühren und sofort servieren.

15. Südlicher Succotash-Eintopf

Ergibt 4 Portionen

- 10 Unzen Tempeh
- 2 Esslöffel Olivenöl
- 1 große süße gelbe Zwiebel, fein gehackt
- 2 mittelgroße rostrote Kartoffeln, geschält und in ½-Zoll-Würfel geschnitten
- 1 (14,5 Unzen) Dose Tomatenwürfel, abgetropft
- 1 Packung gefrorenes Succotash (16 Unzen)
- 2 Tassen Gemüsebrühe, hausgemacht (siehe Leichte Gemüsebrühe) oder im Laden gekauft oder Wasser
- 2 Esslöffel Sojasauce
- 1 Teelöffel trockener Senf
- 1 Teelöffel Zucker
- ½ Teelöffel getrockneter Thymian
- ½ Teelöffel gemahlener Piment
- ¼ Teelöffel gemahlener Cayennepfeffer
- Salz und frisch gemahlener schwarzer Pfeffer

In einem mittelgroßen Topf mit siedendem Wasser das Tempeh 30 Minuten kochen. Abgießen, trocken tupfen und in 1-Zoll-Würfel schneiden.

In einer großen Pfanne 1 Esslöffel Öl bei mittlerer Hitze erhitzen. Fügen Sie das Tempeh hinzu und kochen Sie es ca. 10 Minuten lang, bis es auf beiden Seiten braun ist. Beiseite legen.

In einem großen Topf den restlichen 1 Esslöffel Öl bei mittlerer Hitze erhitzen. Fügen Sie die Zwiebel hinzu und kochen Sie sie 5 Minuten lang, bis sie weich ist. Fügen Sie die Kartoffeln, Karotten, Tomaten, Succotash, Brühe, Sojasauce, Senf, Zucker, Thymian, Piment und Cayennepfeffer hinzu. Mit Salz und Pfeffer abschmecken. Zum Kochen bringen, dann die Hitze auf niedrig reduzieren und das Tempeh hinzufügen. Bedeckt köcheln lassen, bis das Gemüse weich ist, gelegentlich umrühren, ca. 45 Minuten.

Etwa 10 Minuten vor dem Ende des Eintopfs den flüssigen Rauch einrühren. Probieren Sie die Gewürze und passen Sie sie gegebenenfalls an

Sofort servieren.

16. Gebackener Jambalaya-Auflauf

Ergibt 4 Portionen

- 10 Unzen Tempeh
- 2 Esslöffel Olivenöl
- 1 mittelgelbe Zwiebel, gehackt
- 1 mittelgrüner Paprika, gehackt
- 2 gehackte Knoblauchzehen
- 1 (28 Unzen) Dose Tomatenwürfel, ungetropft
- ½ Tasse weißer Reis

- 1½ Tassen Gemüsebrühe, hausgemacht (sieheLeichte Gemüsebrühe) oder im Laden gekauft oder Wasser
- 1½ Tassen gekocht oder 1 (15,5 Unzen) können dunkelrote Kidneybohnen abtropfen lassen und abspülen
- 1 Esslöffel gehackte frische Petersilie
- 1½ Teelöffel Cajun-Gewürz
- 1 Teelöffel getrockneter Thymian
- ½ Teelöffel Salz
- ¼ Teelöffel frisch gemahlener schwarzer Pfeffer

In einem mittelgroßen Topf mit siedendem Wasser das Tempeh 30 Minuten kochen. Abtropfen lassen und trocken tupfen. In ½-Zoll-Würfel schneiden. Heizen Sie den Ofen auf 350 ° F vor.

In einer großen Pfanne 1 Esslöffel Öl bei mittlerer Hitze erhitzen. Fügen Sie das Tempeh hinzu und kochen Sie es ca. 8 Minuten lang, bis es auf beiden Seiten braun ist. Übertragen Sie das Tempeh in eine 9 x 13-Zoll-Auflaufform und beiseite stellen.

In der gleichen Pfanne den restlichen 1 Esslöffel Öl bei mittlerer Hitze erhitzen. Fügen Sie die Zwiebel, Paprika und Knoblauch hinzu. Abdecken und ca. 7 Minuten kochen, bis das Gemüse weich ist.

Die Gemüsemischung mit dem Tempeh in die Auflaufform geben. Rühren Sie die Tomaten mit ihrer Flüssigkeit, dem Reis, der Brühe, den Kidneybohnen, der Petersilie, dem Cajun-Gewürz, dem Thymian, dem Salz und dem schwarzen Pfeffer ein. Gut mischen, dann fest abdecken und ca. 1 Stunde backen, bis der Reis zart ist. Sofort servieren.

17. Tempeh und Süßkartoffeltorte

Ergibt 4 Portionen

- 8 Unzen Tempeh
- 3 mittelgroße Süßkartoffeln, geschält und in ½-Zoll-Würfel geschnitten
- 2 Esslöffel vegane Margarine
- ¼ Tasse ungesüßte Sojamilch
- Salz und frisch gemahlener schwarzer Pfeffer
- 2 Esslöffel Olivenöl
- 1 mittelgelbe Zwiebel, fein gehackt
- 2 mittelgroße Karotten, gehackt
- 1 Tasse gefrorene Erbsen, aufgetaut
- 1 Tasse gefrorene Maiskörner, aufgetaut
- 1½ TassenPilz Sauce
- ½ Teelöffel getrockneter Thymian

In einem mittelgroßen Topf mit siedendem Wasser das Tempeh 30 Minuten kochen. Abtropfen lassen und trocken tupfen. Das Tempeh fein hacken und beiseite stellen.

Die Süßkartoffeln ca. 20 Minuten zart dünsten. Heizen Sie den Ofen auf 350 ° F vor. Die Süßkartoffeln nach Belieben mit Margarine, Sojamilch sowie Salz und Pfeffer zerdrücken. Beiseite legen.

In einer großen Pfanne 1 Esslöffel Öl bei mittlerer Hitze erhitzen. Fügen Sie die Zwiebel und die Karotten hinzu, decken Sie sie ab und kochen Sie sie ca. 10 Minuten lang, bis sie weich sind. In eine 10-Zoll-Backform geben.

In der gleichen Pfanne den restlichen 1 Esslöffel Öl bei mittlerer Hitze erhitzen. Fügen Sie das Tempeh hinzu und kochen Sie es 8 bis 10 Minuten lang, bis es auf beiden Seiten braun ist. Das Tempeh mit der Zwiebel und den Karotten in die Backform geben. Erbsen, Mais und Pilzsauce einrühren. Fügen Sie den Thymian und Salz und Pfeffer hinzu, um zu schmecken. Umrühren, um zu kombinieren.

Die zerdrückten Süßkartoffeln mit einem Spatel gleichmäßig auf den Rand der Pfanne verteilen. Backen Sie ca. 40 Minuten, bis die Kartoffeln leicht gebräunt sind und die Füllung heiß ist. Sofort servieren.

18. Mit Auberginen und Tempeh gefüllte Nudeln

Ergibt 4 Portionen

- 8 Unzen Tempeh
- 1 mittlere Aubergine
- 12 große Nudelschalen
- 1 Knoblauchzehe, püriert
- ¼ Teelöffel gemahlener Cayennepfeffer
- Salz und frisch gemahlener schwarzer Pfeffer
- Trockene ungewürzte Semmelbrösel

- 3 Tassen Marinara-Sauce, hausgemacht (siehe Marinara-Sauce) oder im Laden gekauft

In einem mittelgroßen Topf mit siedendem Wasser das Tempeh 30 Minuten kochen. Abgießen und zum Abkühlen beiseite stellen.

Heizen Sie den Ofen auf 450 ° F vor. Die Aubergine mit einer Gabel einstechen und auf einem leicht geölten Backblech ca. 45 Minuten weich backen.

Während die Auberginen backen, kochen Sie die Nudelschalen in einem Topf mit kochendem Salzwasser und rühren Sie sie gelegentlich etwa 7 Minuten lang al dente um. Abgießen und unter kaltem Wasser laufen lassen. Beiseite legen.

Nehmen Sie die Aubergine aus dem Ofen, halbieren Sie sie in Längsrichtung und lassen Sie die Flüssigkeit ab. Reduzieren Sie die Ofentemperatur auf 350 ° F. Eine 9 x 13 Zoll große Backform leicht einölen. Verarbeiten Sie den Knoblauch in einer Küchenmaschine, bis er fein gemahlen ist. Fügen Sie das Tempeh und den Puls hinzu, bis es grob gemahlen ist. Kratzen Sie das Auberginenfleisch von der Schale und geben Sie es mit Tempeh und Knoblauch in die Küchenmaschine. Fügen Sie den Cayennepfeffer hinzu, würzen Sie ihn mit Salz und Pfeffer nach Geschmack und pulsieren Sie ihn. Wenn die Füllung locker ist, fügen Sie einige Semmelbrösel hinzu.

Verteilen Sie eine Schicht der Tomatensauce auf dem Boden der vorbereiteten Auflaufform. Füllen Sie die Füllung in die Schalen, bis sie gut verpackt ist.

Die Muscheln auf die Sauce legen und die restliche
Sauce über und um die Muscheln gießen. Mit Folie
abdecken und ca. 30 Minuten heiß backen. Aufdecken,
mit Parmesan bestreuen und 10 Minuten länger backen.
Sofort servieren.

19. Singapur Nudeln mit Tempeh

Ergibt 4 Portionen

- 8 Unzen Tempeh, in ½-Zoll-Würfel geschnitten
- 8 Unzen Reisnudeln
- 1 Esslöffel geröstetes Sesamöl
- 2 Esslöffel Raps- oder Traubenkernöl
- 4 Esslöffel Sojasauce
- ⅓ Tasse cremige Erdnussbutter
- ½ Tasse ungesüßte Kokosmilch
- ½ Tasse Wasser
- 1 Esslöffel frischer Zitronensaft
- 1 Teelöffel hellbrauner Zucker
- ½ Teelöffel gemahlener Cayennepfeffer
- 1 mittelrote Paprika, gehackt

- 3 Tassen Kohlschnitzel
- 3 Knoblauchzehen
- 1 Tasse gehackte Frühlingszwiebeln
- 2 Teelöffel geriebener frischer Ingwer
- 1 Tasse gefrorene Erbsen, aufgetaut
- Salz
- ¼ Tasse gehackte ungesalzene geröstete Erdnüsse zum Garnieren
- 2 Esslöffel gehackter frischer Koriander zum Garnieren

In einem mittelgroßen Topf mit siedendem Wasser das Tempeh 30 Minuten kochen. Abtropfen lassen und trocken tupfen. Die Reisnudeln in einer großen Schüssel mit heißem Wasser ca. 5 Minuten einweichen, bis sie weich sind. Gut abtropfen lassen, abspülen und in eine große Schüssel geben. Mit dem Sesamöl vermengen und beiseite stellen.

In einer großen Pfanne 1 Esslöffel Rapsöl bei mittlerer bis hoher Hitze erhitzen. Fügen Sie gekochtes Tempeh hinzu und kochen Sie, bis es von allen Seiten gebräunt ist. Fügen Sie 1 Esslöffel Sojasauce hinzu, um Farbe und Geschmack hinzuzufügen. Nehmen Sie das Tempeh aus der Pfanne und legen Sie es beiseite.

Kombinieren Sie in einem Mixer oder einer Küchenmaschine die Erdnussbutter, Kokosmilch, Wasser, Zitronensaft, Zucker, Cayennepfeffer und die restlichen 3 Esslöffel Sojasauce. Alles glatt rühren und beiseite stellen.

In einer großen Pfanne den restlichen 1 Esslöffel Rapsöl bei mittlerer bis hoher Hitze erhitzen. Fügen Sie die Paprika, den Kohl, den Knoblauch, die Frühlingszwiebeln und den Ingwer hinzu und kochen Sie sie unter gelegentlichem Rühren etwa 10 Minuten lang, bis sie weich sind. Hitze reduzieren auf niedrig; Die Erbsen, das gebräunte Tempeh und die erweichten Nudeln unterrühren. Die Sauce einrühren, nach Belieben salzen und heiß köcheln lassen.

In eine große Schüssel geben, mit gehackten Erdnüssen und Koriander garnieren und servieren.

20. Tempeh Bacon

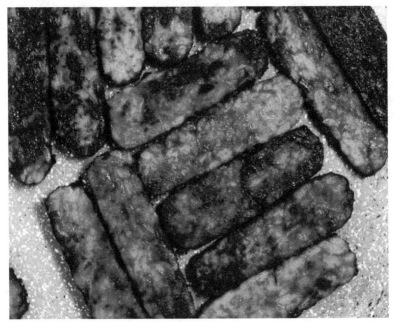

Ergibt 4 Portionen

6 Unzen Tempeh
2 Esslöffel Raps- oder Traubenkernöl
2 Esslöffel Sojasauce
½ Teelöffel Flüssigrauch

In einem mittelgroßen Topf mit siedendem Wasser das Tempeh 30 Minuten kochen. Zum Abkühlen beiseite stellen, dann trocken tupfen und in ⅛-Zoll-Streifen schneiden.

In einer großen Pfanne das Öl bei mittlerer Hitze erhitzen. Fügen Sie die Tempeh-Scheiben hinzu und braten Sie sie auf beiden Seiten, bis sie braun sind, ungefähr 3 Minuten pro Seite. Mit Sojasauce und flüssigem Rauch beträufeln und dabei darauf achten, dass keine Spritzer entstehen. Drehen Sie das Tempeh, um zu beschichten. Heiß servieren.

21. Spaghetti und T-Bälle

Ergibt 4 Portionen

- 1 Pfund Tempeh
- 2 oder 3 Knoblauchzehen, fein gehackt
- 3 Esslöffel fein gehackte frische Petersilie
- 3 Esslöffel Sojasauce
- 1 Esslöffel Olivenöl und mehr zum Kochen
- ¾ Tasse frische Semmelbrösel
- ⅓ Tasse Weizenglutenmehl (lebenswichtiges Weizengluten)
- 3 Esslöffel Hefe
- ½ Teelöffel getrockneter Oregano
- ½ Teelöffel Salz

- ¼ Teelöffel frisch gemahlener schwarzer Pfeffer
- 1 Pfund Spaghetti
- 3 Tassen Marinara-Sauce, hausgemacht (siehe links) oder im Laden gekauft

In einem mittelgroßen Topf mit siedendem Wasser das Tempeh 30 Minuten kochen. Gut abtropfen lassen und in Stücke schneiden.

Legen Sie das gekochte Tempeh in eine Küchenmaschine, fügen Sie den Knoblauch und die Petersilie hinzu und pulsieren Sie, bis es grob gemahlen ist. Fügen Sie die Sojasauce, das Olivenöl, die Semmelbrösel, das Glutenmehl, die Hefe, den Oregano, das Salz und den schwarzen Pfeffer hinzu. Kratzen Sie die Tempeh-Mischung in eine Schüssel und kneten Sie die Mischung mit den Händen 1 bis 2 Minuten lang, bis sie gut vermischt ist. Verwenden Sie Ihre Hände, um die Mischung in kleine Kugeln zu rollen, die nicht größer als 30 cm sind. Wiederholen Sie mit der restlichen Tempeh-Mischung.

In einer leicht geölten großen Pfanne eine dünne Ölschicht bei mittlerer Hitze erhitzen. Fügen Sie die T-Kugeln bei Bedarf in Chargen hinzu und kochen Sie sie, bis sie braun sind. Bewegen Sie sie 15 bis 20 Minuten lang in die Pfanne, um eine gleichmäßige Bräunung zu erzielen. Alternativ können Sie die T-Kugeln auf einem geölten Backblech anordnen und 25 bis 30 Minuten bei 350 ° F backen, wobei Sie sich etwa zur Hälfte einmal drehen.

In einem großen Topf mit kochendem Salzwasser die Spaghetti bei mittlerer Hitze kochen und gelegentlich etwa 10 Minuten lang al dente rühren.

Während die Spaghetti kochen, erhitzen Sie die Marinara-Sauce in einem mittelgroßen Topf bei mittlerer Hitze bis sie heiß ist.

Wenn die Nudeln gekocht sind, gut abtropfen lassen und auf 4 Teller oder flache Nudelschalen verteilen. Belegen Sie jede Portion mit ein paar T-Bällen. Die Sauce über die T-Balls und Spaghetti geben und heiß servieren. Die restlichen T-Bällchen und die Sauce in einer Schüssel vermischen und servieren.

22. Paglia E Fieno mit Erbsen

Ergibt 4 Portionen

- ⅓ Tasse plus 1 Esslöffel Olivenöl
- 2 mittelgroße Schalotten, fein gehackt
- ¼ Tasse gehackter Tempeh-Speck, hausgemacht (sieheTempeh Bacon) oder im Laden gekauft (optional)
- Salz und frisch gemahlener schwarzer Pfeffer
- 8 Unzen normale oder Vollkorn-Linguine
- 8 Unzen Spinat Linguine
- Veganer Parmesan oder Parmasio

In einer großen Pfanne 1 Esslöffel Öl bei mittlerer Hitze erhitzen. Fügen Sie die Schalotten hinzu und kochen Sie bis zart, ungefähr 5 Minuten. Fügen Sie den Tempeh-Speck hinzu, wenn Sie ihn verwenden, und kochen Sie ihn, bis er schön gebräunt ist. Die Pilze einrühren und ca. 5 Minuten kochen, bis sie weich sind. Mit Salz und Pfeffer abschmecken. Rühren Sie die Erbsen und das restliche ⅓ Tasse Öl ein. Abdecken und bei sehr schwacher Hitze warm halten.

In einem großen Topf mit kochendem Salzwasser die Linguine bei mittlerer bis hoher Hitze kochen und gelegentlich etwa 10 Minuten lang al dente rühren. Gut abtropfen lassen und in eine große Schüssel geben.

Die Sauce hinzufügen, mit Salz und Pfeffer abschmecken und mit Parmesan bestreuen. Vorsichtig mischen und sofort servieren.

SEITAN

23. Basic Simmered Seitan

Macht etwa 2 Pfund

Seitan

- 1¾ Tassen Weizenglutenmehl (lebenswichtiges Weizengluten)
- ½ Teelöffel Salz
- ½ Teelöffel Zwiebelpulver
- ¼ Teelöffel süßer Paprika
- 1 Esslöffel Olivenöl
- 2 Esslöffel Sojasauce
- 1⅔ Tassen kaltes Wasser

Siedende Flüssigkeit:

- 2 Liter Wasser
- ½ Tasse Sojasauce
- 2 Knoblauchzehen, zerkleinert

Seitan zubereiten: In einer Küchenmaschine Weizenglutenmehl, Nährhefe, Salz, Zwiebelpulver und Paprika mischen. Impuls zum Mischen. Fügen Sie das Öl, die Sojasauce und das Wasser hinzu und verarbeiten Sie es eine Minute lang, um einen Teig zu bilden. Die Mischung auf eine leicht bemehlte Arbeitsfläche geben und ca. 2 Minuten glatt und elastisch kneten.

Die kochende Flüssigkeit zubereiten: In einem großen Topf Wasser, Sojasauce und Knoblauch vermischen.

Den Seitan-Teig in 4 gleiche Stücke teilen und in die kochende Flüssigkeit geben. Bei mittlerer bis hoher Hitze zum Kochen bringen, dann die Hitze auf mittlere bis niedrige Hitze reduzieren, abdecken und 1 Stunde lang leicht köcheln lassen, dabei gelegentlich wenden. Schalten Sie die Heizung aus und lassen Sie den Seitan in der Flüssigkeit abkühlen. Nach dem Abkühlen kann der Seitan in Rezepten verwendet oder in der Flüssigkeit in einem dicht verschlossenen Behälter bis zu einer Woche gekühlt oder bis zu 3 Monate eingefroren werden.

24. Gefüllter gebackener Seitan-Braten

Ergibt 6 Portionen

- 1 Rezept Basic Simmered Seitanungekocht
- 1 Esslöffel Olivenöl
- 1 kleine gelbe Zwiebel, gehackt
- 1 Sellerierippe, gehackt
- ½ Teelöffel getrockneter Thymian
- ½ Teelöffel getrockneter Salbei
- ½ Tasse Wasser oder mehr, falls erforderlich
- Salz und frisch gemahlener schwarzer Pfeffer
- 2 Tassen frische Brotwürfel
- ¼ Tasse gehackte frische Petersilie

Legen Sie den rohen Seitan auf eine leicht bemehlte Arbeitsfläche und strecken Sie ihn mit leicht bemehlten Händen aus, bis er flach und etwa ½ Zoll dick ist. Legen Sie den abgeflachten Seitan zwischen zwei Blätter Plastikfolie oder Pergamentpapier. Verwenden Sie einen Nudelholz, um ihn so weit wie möglich zu glätten (er ist elastisch und widerstandsfähig). Top mit einem Backblech mit einer Gallone Wasser oder Konserven beschwert und lassen Sie es ruhen, während Sie die Füllung machen.

In einer großen Pfanne das Öl bei mittlerer Hitze erhitzen. Fügen Sie die Zwiebel und den Sellerie hinzu. Abdecken und 10 Minuten weich kochen. Thymian, Salbei, Wasser sowie Salz und Pfeffer nach Geschmack einrühren. Vom Herd nehmen und beiseite stellen. Legen Sie das Brot und die Petersilie in eine große Rührschüssel. Fügen Sie die Zwiebelmischung hinzu und mischen Sie gut, fügen Sie etwas mehr Wasser hinzu, wenn die Füllung zu trocken ist. Probieren Sie die Gewürze und passen Sie sie gegebenenfalls an. wenn erforderlich. Beiseite legen.

Heizen Sie den Ofen auf 350 ° F vor. Eine 9 x 13 Zoll große Backform leicht einölen und beiseite stellen. Rollen Sie den abgeflachten Seitan mit einem Nudelholz aus, bis er etwa ¼ Zoll dick ist. Verteilen Sie die Füllung auf der Oberfläche des Seitans und rollen Sie sie vorsichtig und gleichmäßig auf. Legen Sie die Bratnaht mit der Seite nach unten in die vorbereitete Backform. Reiben Sie ein wenig Öl auf die Oberseite und die Seiten des Bratens und backen Sie ihn abgedeckt 45 Minuten lang. Decken Sie ihn dann ab und backen Sie ihn, bis er fest und glänzend braun ist, etwa 15 Minuten länger.

Aus dem Ofen nehmen und vor dem Schneiden 10 Minuten beiseite stellen. Verwenden Sie ein gezacktes Messer, um es in ½-Zoll-Scheiben zu schneiden. Hinweis: Um das Schneiden am einfachsten zu machen, machen Sie den Braten vor und schneiden Sie ihn vollständig ab, bevor Sie ihn in Scheiben schneiden. Den Braten ganz oder teilweise in Scheiben schneiden und dann vor dem Servieren 15 bis 20 Minuten lang im dicht bedeckten Ofen erhitzen.

25. Seitan Schmorbraten

Ergibt 4 Portionen

- 1 Rezept Basic Simmered Seitan
- 2 Esslöffel Olivenöl
- 3 bis 4 mittelgroße Schalotten, längs halbiert
- 1 Pfund Yukon Gold Kartoffeln, geschält und in 2-Zoll-Stücke geschnitten
- ½ Teelöffel getrockneter Bohnenkraut
- ¼ Teelöffel gemahlener Salbei
- Salz und frisch gemahlener schwarzer Pfeffer
- Meerrettich, um zu dienen

Befolgen Sie die Anweisungen zur Herstellung von Basic Simmered Seitan, aber teilen Sie den Seitan-Teig vor dem Kochen in 2 statt in 4 Stücke. Nachdem der Seitan 30 Minuten in seiner Brühe abgekühlt ist, nehmen Sie ihn aus dem Topf und legen Sie ihn beiseite. Bewahren Sie die Kochflüssigkeit auf und verwerfen Sie alle Feststoffe. Reservieren Sie 1 Stück Seitan (ca. 1 Pfund) für die zukünftige Verwendung, indem Sie es in eine Schüssel geben und mit etwas reservierter Kochflüssigkeit bedecken. Abdecken und bis zum Gebrauch kühlen. Wenn Sie den Seitan nicht innerhalb von 3 Tagen verwenden, kühlen Sie ihn vollständig ab, wickeln Sie ihn fest ein und frieren Sie ihn ein.

In einem großen Topf 1 Esslöffel Öl bei mittlerer Hitze erhitzen. Fügen Sie die Schalotten und Karotten hinzu. Abdecken und 5 Minuten kochen lassen. Fügen Sie die Kartoffeln, Thymian, Bohnenkraut, Salbei und Salz und Pfeffer hinzu, um zu schmecken. 1½ Tassen reservierte Kochflüssigkeit hinzufügen und zum Kochen bringen. Hitze reduzieren und abgedeckt 20 Minuten kochen lassen.

Reiben Sie den reservierten Seitan mit dem restlichen 1 Esslöffel Öl und dem Paprika ein. Legen Sie den Seitan auf das kochende Gemüse. Abdecken und weiter kochen, bis das Gemüse weich ist, weitere ca. 20 Minuten. Den Seitan in dünne Scheiben schneiden und auf einer großen Servierplatte mit gekochtem Gemüse anrichten. Sofort mit Meerrettich an der Seite servieren.

26. Fast ein Gericht Thanksgiving-Abendessen

Ergibt 6 Portionen

- 2 Esslöffel Olivenöl
- 1 Tasse fein gehackte Zwiebel
- 2 Sellerierippen, fein gehackt
- 2 Tassen geschnittene weiße Pilze
- ½ Teelöffel getrockneter Thymian
- ½ Teelöffel getrockneter Bohnenkraut
- ½ Teelöffel gemahlener Salbei
- Prise gemahlene Muskatnuss
- Salz und frisch gemahlener schwarzer Pfeffer
- 2 Tassen frische Brotwürfel

- 2½ Tassen Gemüsebrühe, hausgemacht (sieheLeichte Gemüsebrühe) oder im Laden gekauft
- ⅓ Tasse gesüßte getrocknete Preiselbeeren
- 8 Unzen extra fester Tofu, abgetropft und in ¼-Zoll-Scheiben geschnitten
- 8 Unzen Seitan, hausgemacht oder im Laden gekauft, sehr dünn geschnitten
- 2½ TassenEinfache Kartoffelpüree
- 1 Blatt gefrorener Blätterteig, aufgetaut

Heizen Sie den Ofen auf 400 ° F vor. Eine quadratische 10-Zoll-Auflaufform leicht einölen. In einer großen Pfanne das Öl bei mittlerer Hitze erhitzen. Fügen Sie die Zwiebel und den Sellerie hinzu. Abdecken und ca. 5 Minuten kochen, bis sie weich sind. Pilze, Thymian, Bohnenkraut, Salbei, Muskatnuss sowie Salz und Pfeffer nach Belieben einrühren. Unbedeckt kochen, bis die Pilze weich sind, ca. 3 Minuten länger. Beiseite legen.

Kombinieren Sie in einer großen Schüssel die Brotwürfel mit so viel Brühe, wie zum Befeuchten benötigt wird

1½ Tassen). Fügen Sie die gekochte Gemüsemischung, Walnüsse und Preiselbeeren hinzu. Umrühren, um gut zu mischen und beiseite stellen.

In der gleichen Pfanne die verbleibende 1-Tasse-Brühe zum Kochen bringen, die Hitze auf mittel reduzieren, den Tofu hinzufügen und unbedeckt etwa 10 Minuten köcheln lassen, bis die Brühe absorbiert ist. Beiseite legen.

Die Hälfte der vorbereiteten Füllung auf dem Boden der vorbereiteten Auflaufform verteilen, gefolgt von der Hälfte des Seitans, der Hälfte des Tofus und der Hälfte der braunen Sauce. Wiederholen Sie die Schichtung mit der restlichen Füllung, Seitan, Tofu und Sauce.

27. Seitan Milanese mit Panko und Zitrone

Ergibt 4 Portionen

- 2 Tassen Panko
- ¼ Tasse gehackte frische Petersilie
- ½ Teelöffel Salz
- ¼ Teelöffel frisch gemahlener schwarzer Pfeffer
- 1 Pfund Seitan, hausgemacht oder im Laden gekauft, ¼-Zoll-Scheiben schneiden
- 2 Esslöffel Olivenöl
- 1 Zitrone, in Keile geschnitten

Heizen Sie den Ofen auf 250 ° F vor. In einer großen Schüssel Panko, Petersilie, Salz und Pfeffer vermengen. Befeuchten Sie den Seitan mit etwas Wasser und tauchen Sie ihn in die Panko-Mischung.

In einer großen Pfanne das Öl bei mittlerer bis hoher Hitze erhitzen. Fügen Sie den Seitan hinzu und kochen Sie ihn, indem Sie ihn einmal wenden, bis er goldbraun ist. Übertragen Sie den gekochten Seitan auf ein Backblech und halten Sie ihn im Ofen warm, während Sie den Rest kochen. Sofort mit Zitronenschnitzen servieren.

28. Seitan mit Sesamkruste

Ergibt 4 Portionen

- ⅓ Tasse Sesam
- ⅓ Tasse Allzweckmehl
- ½ Teelöffel Salz
- ¼ Teelöffel frisch gemahlener schwarzer Pfeffer
- ½ Tasse ungesüßte Sojamilch
- 1 Pfund Seitan, hausgemachter oder im Laden gekaufter Seitan, in ¼-Zoll-Scheiben geschnitten
- 2 Esslöffel Olivenöl

Legen Sie die Sesamkörner in eine trockene Pfanne bei mittlerer Hitze und rösten Sie sie 3 bis 4 Minuten lang unter ständigem Rühren hellgolden. Zum Abkühlen beiseite stellen und in einer Küchenmaschine oder Gewürzmühle mahlen.

Die gemahlenen Sesamkörner in eine flache Schüssel geben, Mehl, Salz und Pfeffer hinzufügen und gut mischen. Legen Sie die Sojamilch in eine flache Schüssel. Tauchen Sie den Seitan in die Sojamilch und tauchen Sie ihn dann in die Sesammischung.

In einer großen Pfanne das Öl bei mittlerer Hitze erhitzen. Fügen Sie den Seitan bei Bedarf in Chargen hinzu und kochen Sie ihn ca. 10 Minuten lang, bis er auf beiden Seiten knusprig und goldbraun ist. Sofort servieren.

29. Seitan mit Artischocken und Oliven

Ergibt 4 Portionen

- 2 Esslöffel Olivenöl
- 1 Pfund Seitan, hausgemacht oder im Laden gekauft, in ¼-Zoll-Scheiben geschnitten
- 2 gehackte Knoblauchzehen
- 1 (14,5 Unzen) Dose Tomatenwürfel, abgetropft
- 1½ Tassen Dosen- oder gefrorene (gekochte) Artischockenherzen, in ¼-Zoll-Scheiben geschnitten
- 1 Esslöffel Kapern
- 2 Esslöffel gehackte frische Petersilie
- Salz und frisch gemahlener schwarzer Pfeffer
- 1 Tasse Tofu Feta (Optional)

Ofen auf 250 ° F vorheizen. In einer großen Pfanne 1 Esslöffel Öl bei mittlerer bis hoher Hitze erhitzen. Fügen Sie den Seitan hinzu und bräunen Sie ihn auf beiden Seiten ca. 5 Minuten lang an. Übertragen Sie den Seitan auf eine hitzebeständige Platte und halten Sie ihn im Ofen warm.

In derselben Pfanne den restlichen 1 Esslöffel Öl bei mittlerer Hitze erhitzen. Fügen Sie den Knoblauch hinzu und kochen Sie ihn ca. 30 Sekunden lang, bis er duftet. Fügen Sie die Tomaten, Artischockenherzen, Oliven, Kapern und Petersilie hinzu. Mit Salz und Pfeffer abschmecken und ca. 5 Minuten heiß kochen. Beiseite legen.

Legen Sie den Seitan auf eine Servierplatte, geben Sie die Gemüsemischung darauf und bestreuen Sie ihn gegebenenfalls mit Tofu-Feta. Sofort servieren.

30. Seitan Mit Ancho-Chipotle-Sauce

Ergibt 4 Portionen

- 2 Esslöffel Olivenöl
- 1 mittelgroße Zwiebel, gehackt
- 2 mittelgroße Karotten, gehackt
- 2 gehackte Knoblauchzehen
- 1 (28 Unzen) kann feuergebratene Tomaten zerkleinern
- ½ Tasse Gemüsebrühe, hausgemacht (sieheLeichte Gemüsebrühe) oder im Laden gekauft
- 2 getrocknete Ancho Chiles
- 1 getrockneter Chipotle Chili
- ½ Tasse gelbes Maismehl

- ½ Teelöffel Salz
- ¼ Teelöffel frisch gemahlener schwarzer Pfeffer
- 1 Pfund Seitan, hausgemacht oder im Laden gekauft, in ¼-Zoll-Scheiben geschnitten

In einem großen Topf 1 Esslöffel Öl bei mittlerer Hitze erhitzen. Zwiebel und Karotten dazugeben, abdecken und 7 Minuten kochen lassen. Fügen Sie den Knoblauch hinzu und kochen Sie 1 Minute. Tomaten, Brühe und Ancho-Chipotle-Chilis unterrühren. Unbedeckt 45 Minuten köcheln lassen, dann die Sauce in einen Mixer geben und glatt rühren. Kehren Sie zum Topf zurück und halten Sie ihn bei sehr schwacher Hitze warm.

In einer flachen Schüssel das Maismehl mit Salz und Pfeffer vermischen. Den Seitan gleichmäßig in die Maismehlmischung eintauchen.

In einer großen Pfanne die 2 restlichen Esslöffel Öl bei mittlerer Hitze erhitzen. Fügen Sie den Seitan hinzu und kochen Sie ihn, bis er auf beiden Seiten braun ist, insgesamt ca. 8 Minuten. Sofort mit der Chilisauce servieren.

31. Seitan Piccata

Ergibt 4 Portionen

- 1 Pfund Seitan, hausgemacht oder im Laden gekauft, in ¼-Zoll-Scheiben geschnitten Salz und frisch gemahlener schwarzer Pfeffer
- ½ Tasse Allzweckmehl
- 2 Esslöffel Olivenöl
- 1 mittelgroße Schalotte, gehackt
- 2 gehackte Knoblauchzehen
- 2 Esslöffel Kapern
- ⅓ Tasse Weißwein
- ⅓ Tasse Gemüsebrühe, hausgemacht (sieheLeichte Gemüsebrühe) oder im Laden gekauft
- 2 Esslöffel frischer Zitronensaft
- 2 Esslöffel vegane Margarine
- 2 Esslöffel gehackte frische Petersilie

Heizen Sie den Ofen auf 275 ° F vor. Den Seitan mit
Salz und Pfeffer abschmecken und in das Mehl
eintauchen.

In einer großen Pfanne 2 Esslöffel Öl bei mittlerer
Hitze erhitzen. Fügen Sie den ausgebaggerten Seitan
hinzu und kochen Sie ihn ca. 10 Minuten lang, bis er
auf beiden Seiten leicht gebräunt ist. Übertragen Sie
den Seitan auf eine hitzebeständige Platte und halten
Sie ihn im Ofen warm.

In der gleichen Pfanne den restlichen 1 Esslöffel Öl bei
mittlerer Hitze erhitzen. Fügen Sie die Schalotte und
den Knoblauch hinzu, kochen Sie sie 2 Minuten lang
und rühren Sie dann die Kapern, den Wein und die
Brühe ein. Ein oder zwei Minuten köcheln lassen, um
etwas zu reduzieren, dann Zitronensaft, Margarine und
Petersilie hinzufügen und umrühren, bis die Margarine
in die Sauce eingemischt ist. Gießen Sie die Sauce über
den gebräunten Seitan und servieren Sie ihn sofort.

32. Drei-Samen-Seitan

Ergibt 4 Portionen

- ¼ Tasse ungesalzene geschälte Sonnenblumenkerne
- ¼ Tasse ungesalzene geschälte Kürbiskerne (Pepitas)
- ¼ Tasse Sesam
- ¾ Tasse Allzweckmehl
- 1 Teelöffel gemahlener Koriander
- 1 Teelöffel geräucherter Paprika
- ½ Teelöffel Salz
- ¼ Teelöffel frisch gemahlener schwarzer Pfeffer
- 1 Pfund Seitan, hausgemacht oder im Laden gekauft, in mundgerechte Stücke geschnitten
- 2 Esslöffel Olivenöl

Kombinieren Sie in einer Küchenmaschine die Sonnenblumenkerne, Kürbiskerne und Sesamkörner und mahlen Sie sie zu einem Pulver. In eine flache Schüssel geben, Mehl, Koriander, Paprika, Salz und Pfeffer hinzufügen und umrühren.

Befeuchten Sie die Seitanstücke mit Wasser und tauchen Sie sie dann in die Samenmischung, um sie vollständig zu beschichten.

In einer großen Pfanne das Öl bei mittlerer Hitze erhitzen. Fügen Sie den Seitan hinzu und kochen Sie ihn, bis er auf beiden Seiten leicht gebräunt und knusprig ist. Sofort servieren.

33. Fajitas ohne Grenzen

Ergibt 4 Portionen

- 1 Esslöffel Olivenöl
- 1 kleine rote Zwiebel, gehackt
- 10 Unzen Seitan, hausgemacht oder im Laden gekauft, in ½-Zoll-Streifen geschnitten
- ¼ Tasse heiße oder milde gehackte grüne Chilischoten in Dosen
- Salz und frisch gemahlener schwarzer Pfeffer
- (10 Zoll) Tortillas aus weichem Mehl
- 2 Tassen Tomatensalsa, hausgemacht (siehe Frisches Tomatensalsa) oder im Laden gekauft

In einer großen Pfanne das Öl bei mittlerer Hitze erhitzen. Fügen Sie die Zwiebel hinzu, decken Sie sie ab und kochen Sie sie ca. 7 Minuten lang, bis sie weich ist. Fügen Sie den Seitan hinzu und kochen Sie ihn unbedeckt 5 Minuten lang.

Fügen Sie die Süßkartoffeln, Chilischoten, Oregano und Salz und Pfeffer nach Geschmack hinzu und rühren Sie um, um gut zu mischen. Weiter kochen, bis die Mischung heiß ist und die Aromen gut vermischt sind, gelegentlich umrühren, ca. 7 Minuten.

Die Tortillas in einer trockenen Pfanne erwärmen. Legen Sie jede Tortilla in eine flache Schüssel. Die Seitan-Süßkartoffel-Mischung in die Tortillas geben und jeweils etwa ⅓ Tasse Salsa darüber geben. Streuen Sie jede Schüssel mit 1 Esslöffel Oliven, falls verwendet. Sofort servieren, mit der restlichen Salsa, die auf der Seite serviert wird.

34. Seitan mit grünem Apfelrelish

Ergibt 4 Portionen

- 2 Granny-Smith-Äpfel, grob gehackt
- ½ Tasse fein gehackte rote Zwiebel
- ½ Jalapeño Chili, entkernt und gehackt
- 1½ Teelöffel geriebener frischer Ingwer
- 2 Esslöffel frischer Limettensaft
- 2 Teelöffel Agavennektar
- Salz und frisch gemahlener schwarzer Pfeffer
- 2 Esslöffel Olivenöl
- 1 Pfund Seitan, hausgemacht oder im Laden gekauft, ½-Zoll-Scheiben geschnitten

Kombinieren Sie in einer mittelgroßen Schüssel die
Äpfel, Zwiebeln, Chili, Ingwer, Limettensaft,
Agavennektar sowie Salz und Pfeffer nach Geschmack.
Beiseite legen.

Das Öl in einer Pfanne bei mittlerer Hitze erhitzen.
Fügen Sie den Seitan hinzu und kochen Sie ihn, bis er
auf beiden Seiten braun ist. Drehen Sie ihn einmal,
ungefähr 4 Minuten pro Seite. Mit Salz und Pfeffer
abschmecken. Fügen Sie den Apfelsaft hinzu und
kochen Sie ihn eine Minute lang, bis er reduziert ist.
Sofort mit dem Apfel-Relish servieren.

35. Seitan und Broccoli-Shiitake Stir-Fry

Ergibt 4 Portionen

- 2 Esslöffel Raps oder Traubenkernöl
- 10 Unzen Seitan, hausgemacht oder im Laden gekauft, in ¼-Zoll-Scheiben geschnitten
- 3 gehackte Knoblauchzehen
- 2 Teelöffel geriebener frischer Ingwer
- Frühlingszwiebeln, gehackt
- 1 mittelgroßer Bund Brokkoli, in 1-Zoll-Röschen geschnitten
- 3 Esslöffel Sojasauce
- 2 Esslöffel trockener Sherry
- 1 Teelöffel geröstetes Sesamöl
- 1 Esslöffel geröstete Sesamkörner

In einer großen Pfanne 1 Esslöffel Öl bei mittlerer bis hoher Hitze erhitzen. Fügen Sie den Seitan hinzu und kochen Sie ihn unter gelegentlichem Rühren etwa 3 Minuten lang, bis er leicht gebräunt ist. Den Seitan in eine Schüssel geben und beiseite stellen.

In der gleichen Pfanne den restlichen 1 Esslöffel Öl bei mittlerer bis hoher Hitze erhitzen. Fügen Sie die Pilze hinzu und kochen Sie sie unter häufigem Rühren etwa 3 Minuten lang, bis sie braun sind. Knoblauch, Ingwer und Frühlingszwiebeln einrühren und 30 Sekunden länger kochen lassen. Die Pilzmischung zum gekochten Seitan geben und beiseite stellen.

Brokkoli und Wasser in dieselbe Pfanne geben. Abdecken und ca. 3 Minuten kochen, bis der Brokkoli hellgrün wird. Decken Sie es ab und kochen Sie es unter häufigem Rühren, bis die Flüssigkeit verdunstet ist und der Brokkoli knusprig zart ist, etwa 3 Minuten länger.

Geben Sie die Seitan-Pilz-Mischung in die Pfanne zurück. Fügen Sie die Sojasauce und den Sherry hinzu und braten Sie sie etwa 3 Minuten lang an, bis der Seitan und das Gemüse heiß sind. Mit Sesamöl und Sesam bestreuen und sofort servieren.

36. Seitan Brochettes mit Pfirsichen

Ergibt 4 Portionen

- ⅓ Tasse Balsamico-Essig
- 2 Esslöffel trockener Rotwein
- 2 Esslöffel hellbrauner Zucker
- ¼ Tasse gehacktes frisches Basilikum
- ¼ Tasse gehackter frischer Majoran
- 2 Esslöffel gehackter Knoblauch
- 2 Esslöffel Olivenöl
- 1 Pfund Seitan, hausgemacht oder im Laden gekauft, in 1-Zoll-Stücke geschnitten
- Schalotten, längs halbiert und blanchiert
- Salz und frisch gemahlener schwarzer Pfeffer
- 2 reife Pfirsiche, entkernt und in 1-Zoll-Stücke geschnitten

C.Essig, Wein und Zucker in einem kleinen Topf vermischen und zum Kochen bringen. Reduzieren Sie die Hitze auf mittel und köcheln Sie unter Rühren etwa 15 Minuten lang, bis sie halbiert ist. Vom Herd nehmen.

Basilikum, Majoran, Knoblauch und Olivenöl in einer großen Schüssel vermengen. Fügen Sie den Seitan, die Schalotten und die Pfirsiche hinzu und werfen Sie, um zu beschichten. Mit Salz und Pfeffer abschmecken

Den Grill vorheizen. * Seitan, Schalotten und Pfirsiche auf die Spieße fädeln und mit der Balsamico-Mischung bestreichen.

Legen Sie die Brochettes auf den Grill und kochen Sie, bis der Seitan und die Pfirsiche gegrillt sind, ungefähr 3 Minuten pro Seite. Mit der restlichen Balsamico-Mischung bestreichen und sofort servieren.

**Anstatt zu grillen, können Sie diese Brochettes unter den Broiler legen. Braten Sie 4 bis 5 Zoll von der Hitze entfernt, bis es heiß und an den Rändern leicht gebräunt ist, ungefähr 10 Minuten, und drehen Sie es einmal zur Hälfte.

37. Gegrillte Seitan und Gemüse Kabobs

Ergibt 4 Portionen

- ⅓ Tasse Balsamico-Essig
- 2 Esslöffel Olivenöl
- 1 Esslöffel gehackter frischer Oregano oder 1 Teelöffel getrocknet
- 2 gehackte Knoblauchzehen
- ½ Teelöffel Salz
- ¼ Teelöffel frisch gemahlener schwarzer Pfeffer
- 1 Pfund Seitan, hausgemacht oder im Laden gekauft, in 1-Zoll-Würfel geschnitten
- 7 Unzen kleine weiße Pilze, leicht gespült und trocken getupft
- 2 kleine Zucchini, in 1-Zoll-Stücke geschnitten
- 1 mittelgelber Paprika, in 1-Zoll-Quadrate geschnitten
- reife Kirschtomaten

Kombinieren Sie in einer mittelgroßen Schüssel Essig, Öl, Oregano, Thymian, Knoblauch, Salz und schwarzen Pfeffer. Fügen Sie den Seitan, die Pilze, die Zucchini, den Paprika und die Tomaten hinzu und wenden Sie sich, um zu beschichten. 30 Minuten bei Raumtemperatur marinieren, dabei gelegentlich wenden. Seitan und Gemüse abtropfen lassen und die Marinade aufbewahren.

Den Grill vorheizen. * Seitan, Pilze und Tomaten auf Spieße fädeln.

Legen Sie die Spieße auf den heißen Grill und kochen Sie sie. Drehen Sie die Kabobs einmal nach der Hälfte des Grillvorgangs, insgesamt etwa 10 Minuten. Mit einer kleinen Menge der reservierten Marinade beträufeln und sofort servieren.

**Anstatt zu grillen, können Sie diese Spieße unter den Grill legen. Braten Sie 4 bis 5 Zoll von der Hitze entfernt, bis es heiß und an den Rändern leicht gebräunt ist, ungefähr 10 Minuten, und drehen Sie es einmal nach der Hälfte des Bratens.

38. Seitan En Croute

Ergibt 4 Portionen

- 1 Esslöffel Olivenöl
- 2 mittelgroße Schalotten, gehackt
- Unzen weiße Pilze, gehackt
- ¼ Tasse Madeira
- 1 Esslöffel gehackte frische Petersilie
- ½ Teelöffel getrockneter Thymian
- ½ Teelöffel getrockneter Bohnenkraut
- 2 Tassen fein gehackte trockene Brotwürfel
- Salz und frisch gemahlener schwarzer Pfeffer
- 1 gefrorenes Blätterteigblatt, aufgetaut
- (¼ Zoll dick) Seitan schneidet etwa 3 x 4 Zoll große Ovale oder Rechtecke, trocken getupft

In einer großen Pfanne das Öl bei mittlerer Hitze erhitzen. Fügen Sie die Schalotten hinzu und kochen Sie sie ca. 3 Minuten lang, bis sie weich sind. Fügen Sie die Pilze hinzu und kochen Sie sie unter gelegentlichem Rühren etwa 5 Minuten lang, bis die Pilze weich sind. Fügen Sie die Madiera, Petersilie, Thymian und Bohnenkraut hinzu und kochen Sie, bis die Flüssigkeit fast verdunstet ist. Die Brotwürfel einrühren und mit Salz und Pfeffer abschmecken. Zum Abkühlen beiseite stellen.

Legen Sie die Blätterteigplatte auf ein großes Stück Plastikfolie auf einer ebenen Arbeitsfläche. Mit einem weiteren Stück Plastikfolie bedecken und das Gebäck mit einem Nudelholz leicht ausrollen, um es zu glätten. Das Gebäck vierteln. Legen Sie 1 Scheibe Seitan in die Mitte jedes Gebäckstücks. Verteilen Sie die Füllung unter ihnen und verteilen Sie sie, um den Seitan zu bedecken. Jeweils die restlichen Seitanscheiben darüber geben. Falten Sie das Gebäck zusammen, um die Füllung einzuschließen, und kräuseln Sie die Ränder mit den Fingern, um sie zu versiegeln. Legen Sie die Teigpakete mit der Naht nach unten auf ein großes, ungefettetes Backblech und kühlen Sie sie 30 Minuten lang. Heizen Sie den Ofen auf 400 ° F vor. Backen Sie ca. 20 Minuten, bis die Kruste goldbraun ist. Sofort servieren.

39. Seitan und Kartoffeltorta

Ergibt 6 Portionen

- 2 Esslöffel Olivenöl
- 1 mittelgelbe Zwiebel, gehackt
- 4 Tassen gehackter frischer Babyspinat oder Mangold
- 8 Unzen Seitan, hausgemacht oder im Laden gekauft, fein gehackt
- 1 Teelöffel gehackter frischer Majoran
- ½ Teelöffel gemahlener Fenchelsamen
- ¼ bis 1/2 Teelöffel zerkleinerter roter Pfeffer
- Salz und frisch gemahlener schwarzer Pfeffer
- 2 Pfund Yukon Gold Kartoffeln, geschält und in ¼-Zoll-Scheiben geschnitten
- ½ Tasse veganer Parmesan oderParmasio

Heizen Sie den Ofen auf 400 ° F vor. Einen 3-Liter-Auflauf oder eine 9 x 13-Zoll-Backform leicht einölen und beiseite stellen.

In einer großen Pfanne 1 Esslöffel Öl bei mittlerer Hitze erhitzen. Fügen Sie die Zwiebel hinzu, decken Sie sie ab und kochen Sie sie ca. 7 Minuten lang, bis sie weich ist. Fügen Sie den Spinat hinzu und kochen Sie ihn unbedeckt ca. 3 Minuten lang, bis er welk ist. Seitan, Majoran, Fenchelsamen und zerkleinerten roten Pfeffer unterrühren und gut vermischen. Mit Salz und Pfeffer abschmecken. Beiseite legen.

Die Tomatenscheiben auf dem Boden der vorbereiteten Pfanne verteilen. Mit einer Schicht leicht überlappender Kartoffelscheiben belegen. Die Kartoffelschicht mit etwas von dem restlichen 1 Esslöffel Öl bestreichen und mit Salz und Pfeffer abschmecken. Etwa die Hälfte der Seitan-Spinat-Mischung auf die Kartoffeln verteilen. Top mit einer weiteren Schicht Kartoffeln, gefolgt von der restlichen Seitan-Spinat-Mischung. Mit einer letzten Schicht Kartoffeln bedecken, mit dem restlichen Öl und Salz und Pfeffer beträufeln. Mit dem Parmesan bestreuen. Abdecken und backen, bis die Kartoffeln weich sind, 45 Minuten bis 1 Stunde. Decken Sie es ab und backen Sie es 10 bis 15 Minuten lang weiter, um die Oberseite zu bräunen. Sofort servieren.

40. Rustikaler Cottage Pie

Ergibt 4 bis 6 Portionen

- Yukon Gold Kartoffeln, geschält und in 1-Zoll-Würfel geschnitten
- 2 Esslöffel vegane Margarine
- ¼ Tasse ungesüßte Sojamilch
- Salz und frisch gemahlener schwarzer Pfeffer
- 1 Esslöffel Olivenöl
- 1 mittelgelbe Zwiebel, fein gehackt

- 1 mittelgroße Karotte, fein gehackt
- 1 Sellerierippe, fein gehackt
- Unzen Seitan, hausgemacht oder im Laden gekauft, fein gehackt
- 1 Tasse gefrorene Erbsen
- 1 Tasse gefrorene Maiskörner
- 1 Teelöffel getrockneter Bohnenkraut
- ½ Teelöffel getrockneter Thymian

In einem Topf mit kochendem Salzwasser die Kartoffeln 15 bis 20 Minuten zart kochen. Gut abtropfen lassen und in den Topf zurückkehren. Fügen Sie die Margarine, Sojamilch und Salz und Pfeffer hinzu, um zu schmecken. Mit einem Kartoffelstampfer grob zerdrücken und beiseite stellen. Heizen Sie den Ofen auf 350 ° F vor.

In einer großen Pfanne das Öl bei mittlerer Hitze erhitzen. Fügen Sie die Zwiebel, die Karotte und den Sellerie hinzu. Abdecken und ca. 10 Minuten kochen lassen, bis sie weich sind. Übertragen Sie das Gemüse in eine 9 x 13-Zoll-Backform. Seitan, Pilzsauce, Erbsen, Mais, Bohnenkraut und Thymian unterrühren. Mit Salz und Pfeffer abschmecken und die Mischung gleichmäßig in der Backform verteilen.

Mit den Kartoffelpürees belegen und bis zum Rand der Backform verteilen. Backen Sie ca. 45 Minuten, bis die Kartoffeln gebräunt sind und die Füllung sprudelt. Sofort servieren.

41. Seitan mit Spinat und Tomaten

Ergibt 4 Portionen

- 2 Esslöffel Olivenöl
- 1 Pfund Seitan, hausgemacht oder im Laden gekauft, in ¼-Zoll-Streifen geschnitten
- Salz und frisch gemahlener schwarzer Pfeffer
- 3 gehackte Knoblauchzehen
- 4 Tassen frischer Babyspinat
- Ölverpackte sonnengetrocknete Tomaten, in ¼-Zoll-Streifen geschnitten
- ½ Tasse entkernte Kalamata-Oliven, halbiert
- 1 Esslöffel Kapern
- ¼ Teelöffel zerkleinerter roter Pfeffer

In einer großen Pfanne das Öl bei mittlerer Hitze erhitzen. Fügen Sie den Seitan hinzu, würzen Sie ihn mit Salz und schwarzem Pfeffer und kochen Sie ihn ca. 5 Minuten pro Seite, bis er braun ist.

Fügen Sie den Knoblauch hinzu und kochen Sie ihn 1 Minute lang, um ihn zu erweichen. Fügen Sie den Spinat hinzu und kochen Sie ihn ca. 3 Minuten lang, bis er welk ist. Tomaten, Oliven, Kapern und zerkleinerten roten Pfeffer einrühren. Mit Salz und schwarzem Pfeffer abschmecken. Unter Rühren etwa 5 Minuten kochen, bis sich die Aromen vermischt haben

Sofort servieren.

42. Seitan und überbackene Kartoffeln

Ergibt 4 Portionen

- 2 Esslöffel Olivenöl
- 1 kleine gelbe Zwiebel, gehackt
- ¼ Tasse gehackte grüne Paprika
- große Yukon Gold Kartoffeln, geschält und in ¼-Zoll-Scheiben geschnitten
- ½ Teelöffel Salz
- ¼ Teelöffel frisch gemahlener schwarzer Pfeffer
- 10 Unzen Seitan, hausgemacht oder im Laden gekauft, gehackt
- ½ Tasse ungesüßte Sojamilch
- 1 Esslöffel vegane Margarine
- 2 Esslöffel gehackte frische Petersilie als Beilage

Heizen Sie den Ofen auf 350 ° F vor. Eine quadratische 10-Zoll-Backform leicht einölen und beiseite stellen.

In einer Pfanne das Öl bei mittlerer Hitze erhitzen. Fügen Sie die Zwiebel und die Paprika hinzu und kochen Sie bis zart, ungefähr 7 Minuten. Beiseite legen.

In der vorbereiteten Backform die Hälfte der Kartoffeln schichten und nach Belieben mit Salz und schwarzem Pfeffer bestreuen. Die Zwiebel-Paprika-Mischung und den gehackten Seitan auf die Kartoffeln streuen. Mit den restlichen Kartoffelscheiben belegen und mit Salz und schwarzem Pfeffer abschmecken.

In einer mittelgroßen Schüssel die braune Sauce und die Sojamilch gut vermischen. Über die Kartoffeln gießen. Die oberste Schicht mit Margarine bestreichen und fest mit Folie abdecken. 1 Stunde backen. Entfernen Sie die Folie und backen Sie weitere 20 Minuten oder bis die Oberseite goldbraun ist. Sofort mit der Petersilie bestreut servieren.

43. Koreanische Nudel Stir-Fry

Ergibt 4 Portionen

- 8 Unzen Dang Myun oder Bohnenfaden Nudeln
- 2 Esslöffel geröstetes Sesamöl
- 1 Esslöffel Zucker
- ¼ Teelöffel Salz
- ¼ Teelöffel gemahlener Cayennepfeffer
- 2 Esslöffel Raps oder Traubenkernöl
- 8 Unzen Seitan, hausgemacht oder im Laden gekauft, in ¼-Zoll-Streifen geschnitten
- 1 mittelgroße Zwiebel, längs halbiert und in dünne Scheiben geschnitten
- 1 mittelgroße Karotte, in dünne Streichhölzer geschnitten
- 6 Unzen frische Shiitake-Pilze, gestielt und in dünne Scheiben geschnitten

- 3 Tassen fein geschnittener Bok Choy oder anderer asiatischer Kohl
- 3 grüne Zwiebeln, gehackt
- 3 Knoblauchzehen, fein gehackt
- 1 Tasse Sojasprossen
- 2 Esslöffel Sesam zum Garnieren

Die Nudeln 15 Minuten in heißem Wasser einweichen. Abgießen und unter kaltem Wasser abspülen. Beiseite legen.

In einer kleinen Schüssel Sojasauce, Sesamöl, Zucker, Salz und Cayennepfeffer mischen und beiseite stellen.

In einer großen Pfanne 1 Esslöffel Öl bei mittlerer bis hoher Hitze erhitzen. Fügen Sie den Seitan hinzu und braten Sie ihn ca. 2 Minuten lang, bis er braun ist. Aus der Pfanne nehmen und beiseite stellen.

Den restlichen 1 Esslöffel Rapsöl in dieselbe Pfanne geben und bei mittlerer bis hoher Hitze erhitzen. Fügen Sie die Zwiebel und die Karotte hinzu und braten Sie sie ca. 3 Minuten lang, bis sie weich sind. Fügen Sie die Pilze, Bok Choy, Frühlingszwiebeln und Knoblauch hinzu und braten Sie sie ca. 3 Minuten lang, bis sie weich sind.

Fügen Sie die Sojabohnensprossen hinzu und braten Sie sie 30 Sekunden lang an. Fügen Sie dann die gekochten Nudeln, den gebräunten Seitan und die Sojasaucenmischung hinzu und rühren Sie um, um zu beschichten. Weiter kochen, gelegentlich umrühren, bis die Zutaten heiß und gut vermischt sind, 3 bis 5 Minuten. Auf eine große Servierplatte geben, mit Sesam bestreuen und sofort servieren.

44. Jerk-Spiced Red Bean Chili

Ergibt 4 Portionen

- 1 Esslöffel Olivenöl
- 1 mittelgroße Zwiebel, gehackt
- 10 Unzen Seitan, hausgemacht oder im Laden gekauft, gehackt
- 3 Tassen gekocht oder 2 Dosen dunkelrote Kidneybohnen, abgetropft und gespült
- (14,5 Unzen) können Tomaten zerkleinern
- (14,5 Unzen) können Tomatenwürfel abtropfen lassen
- (4 Unzen) kann gehackte milde oder heiße grüne Chilis abtropfen lassen
- ½ Tasse Barbecue-Sauce, hausgemacht oder im Laden gekauft
- 1 Tasse Wasser
- 1 Esslöffel Sojasauce

- 1 Esslöffel Chilipulver
- 1 Teelöffel gemahlener Kreuzkümmel
- 1 Teelöffel gemahlener Piment
- 1 Teelöffel Zucker
- ½ Teelöffel gemahlener Oregano
- ¼ Teelöffel gemahlener Cayennepfeffer
- ½ Teelöffel Salz
- ¼ Teelöffel frisch gemahlener schwarzer Pfeffer

In einem großen Topf das Öl bei mittlerer Hitze erhitzen. Zwiebel und Seitan hinzufügen. Abdecken und ca. 10 Minuten kochen, bis die Zwiebel weich ist.

Kidneybohnen, zerkleinerte Tomaten, Tomatenwürfel und Chilischoten einrühren. Barbecue-Sauce, Wasser, Sojasauce, Chilipulver, Kreuzkümmel, Piment, Zucker, Oregano, Cayennepfeffer, Salz und schwarzen Pfeffer einrühren.

Zum Kochen bringen, dann die Hitze auf mittel reduzieren und abgedeckt ca. 45 Minuten köcheln lassen, bis das Gemüse weich ist. Aufdecken und ca. 10 Minuten länger köcheln lassen. Sofort servieren.

45. Herbst Medley Eintopf

Ergibt 4 bis 6 Portionen

- 2 Esslöffel Olivenöl
- 10 Unzen Seitan, hausgemacht oder im Laden gekauft, in 1-Zoll-Würfel geschnitten
- Salz und frisch gemahlener schwarzer Pfeffer
- 1 große gelbe Zwiebel, gehackt
- 2 gehackte Knoblauchzehen
- 1 große rostrote Kartoffel, geschält und in ½-Zoll-Würfel geschnitten
- 1 mittelgroße Pastinake, in ¼-Zoll-Würfel geschnitten, gehackt
- 1 kleiner Butternusskürbis, geschält, halbiert, entkernt und in ½-Zoll-Würfel geschnitten
- 1 kleiner Kopf Wirsing, gehackt
- 1 (14,5 Unzen) Dose Tomatenwürfel, abgetropft
- 1½ Tassen gekocht oder 1 (15,5 Unzen) können Kichererbsen abtropfen lassen und abspülen

- 2 Tassen Gemüsebrühe, hausgemacht (siehe Leichte Gemüsebrühe) oder im Laden gekauft oder Wasser
- ½ Teelöffel getrockneter Majoran
- ½ Teelöffel getrockneter Thymian
- ½ Tasse zerbröckelte Engelshaarnudeln

In einer großen Pfanne 1 Esslöffel Öl bei mittlerer bis hoher Hitze erhitzen. Fügen Sie den Seitan hinzu und kochen Sie ihn ca. 5 Minuten lang, bis er von allen Seiten braun ist. Mit Salz und Pfeffer abschmecken und beiseite stellen.

In einem großen Topf den restlichen 1 Esslöffel Öl bei mittlerer Hitze erhitzen. Fügen Sie die Zwiebel und den Knoblauch hinzu. Abdecken und ca. 5 Minuten kochen lassen, bis sie weich sind. Fügen Sie die Kartoffel, Karotte, Pastinake und Kürbis hinzu. Abdecken und ca. 10 Minuten kochen, bis sie weich sind.

Kohl, Tomaten, Kichererbsen, Brühe, Wein, Majoran, Thymian sowie Salz und Pfeffer nach Belieben einrühren. Zum Kochen bringen, dann die Hitze auf niedrig reduzieren. Abdecken und unter gelegentlichem Rühren ca. 45 Minuten kochen, bis das Gemüse weich ist. Fügen Sie den gekochten Seitan und die Nudeln hinzu und kochen Sie, bis die Nudeln zart sind und die Aromen gemischt sind, etwa 10 Minuten länger. Sofort servieren.

46. Italienischer Reis mit Seitan

Ergibt 4 Portionen

- 2 Tassen Wasser
- 1 Tasse langkörniger brauner oder weißer Reis
- 2 Esslöffel Olivenöl
- 1 mittelgelbe Zwiebel, gehackt
- 2 gehackte Knoblauchzehen
- 10 Unzen Seitan, hausgemacht oder im Laden gekauft, gehackt
- 4 Unzen weiße Pilze, gehackt
- 1 Teelöffel getrocknetes Basilikum
- ½ Teelöffel gemahlener Fenchelsamen
- ¼ Teelöffel zerkleinerter roter Pfeffer
- Salz und frisch gemahlener schwarzer Pfeffer

In einem großen Topf das Wasser bei starker Hitze zum Kochen bringen. Fügen Sie den Reis hinzu, reduzieren Sie die Hitze auf niedrig, decken Sie ihn ab und kochen Sie ihn ca. 30 Minuten lang, bis er weich ist.

In einer großen Pfanne das Öl bei mittlerer Hitze erhitzen. Fügen Sie die Zwiebel hinzu, decken Sie sie ab und kochen Sie sie etwa 5 Minuten lang, bis sie weich ist. Fügen Sie den Seitan hinzu und kochen Sie ihn unbedeckt, bis er braun ist. Die Pilze einrühren und ca. 5 Minuten länger kochen, bis sie weich sind. Basilikum, Fenchel, zerkleinerten roten Pfeffer sowie Salz und schwarzen Pfeffer nach Belieben einrühren.

Den gekochten Reis in eine große Schüssel geben. Seitanmischung einrühren und gut mischen. Eine großzügige Menge schwarzen Pfeffers hinzufügen und sofort servieren.

47. Zwei-Kartoffel-Hasch

Ergibt 4 Portionen

- 2 Esslöffel Olivenöl
- 1 mittelrote Zwiebel, gehackt
- 1 mittelrote oder gelbe Paprika, gehackt
- 1 gekochte mittelrote Kartoffel, geschält und in ½-Zoll-Würfel geschnitten
- 1 gekochte mittelgroße Süßkartoffel, geschält und in ½-Zoll-Würfel geschnitten
- 2 Tassen gehackter Seitan, hausgemacht
- Salz und frisch gemahlener schwarzer Pfeffer

In einer großen Pfanne das Öl bei mittlerer Hitze erhitzen. Zwiebel und Paprika hinzufügen. Abdecken und ca. 7 Minuten kochen, bis sie weich sind.

Die weiße Kartoffel, die Süßkartoffel und den Seitan hinzufügen und mit Salz und Pfeffer abschmecken. Unbedeckt unter häufigem Rühren ca. 10 Minuten kochen, bis sie leicht gebräunt sind. Heiß servieren.

48. Saure Sahne Seitan Enchiladas

DIENSTLEISTUNGEN 8
ZUTATEN

Seitan

- 1 Tasse lebenswichtiges Weizenglutenmehl
- 1/4 Tasse Kichererbsenmehl
- 1/4 Tasse Nährhefe
- 1 Teelöffel Zwiebelpulver
- 1/2 Teelöffel Knoblauchpulver
- 1 1/2 Teelöffel Gemüsebrühe Pulver
- 1/2 Tasse Wasser
- 2 Esslöffel frisch gepresster Zitronensaft
- 2 Esslöffel Sojasauce
- 2 Tassen Gemüsebrühe

Saure Sahnesauce

- 2 Esslöffel vegane Margarine
- 2 Esslöffel Mehl
- 1 1/2 Tassen Gemüsebrühe
- 2 (8 oz) Kartons vegane saure Sahne
- 1 Tasse Salsa Verde (Tomatillo Salsa)
- 1/2 Teelöffel Salz
- 1/2 Teelöffel gemahlener weißer Pfeffer
- 1/4 Tasse gehackter Koriander

Enchiladas

- 2 Esslöffel Olivenöl
- 1/2 mittelgroße Zwiebel, gewürfelt
- 2 Knoblauchzehen, gehackt
- 2 gehackte Serrano-Chilis (siehe Tipp)
- 1/4 Tasse Tomatenmark
- 1/4 Tasse Wasser
- 1 Esslöffel Kreuzkümmel
- 2 Esslöffel Chilipulver
- 1 Teelöffel Salz
- 15-20 Maistortillas
- 1 (8 oz) Packung Daiya Cheddar Style Shreds
- 1/2 Tasse gehackter Koriander

METHODE

a) Bereiten Sie den Seitan vor. Ofen auf 325 Grad
   Fahrenheit vorheizen. Eine Deckelauflaufform leicht
   mit Antihaftspray einölen. Mehl, Nährhefe, Gewürze
   und Gemüsebrühe in einer großen Schüssel vermengen.
   Mischen Sie das Wasser, Zitronensaft und Sojasauce in
   einer kleinen Schüssel. Die feuchten Zutaten zu den
   trockenen Zutaten geben und umrühren, bis sich ein
   Teig bildet. Passen Sie die Menge an Wasser oder
   Gluten nach Bedarf an (siehe Tipp). Den Teig 5
   Minuten lang kneten und dann zu einem Laib formen.
   Den Seitan in die Auflaufform geben und mit 2 Tassen
   Gemüsebrühe bedecken. Abdecken und 40 Minuten
   kochen lassen. Drehen Sie das Brot um, decken Sie es
   ab und kochen Sie es weitere 40 Minuten lang. Nehmen
   Sie den Seitan aus der Schüssel und lassen Sie ihn
   ruhen, bis er kühl genug ist.

b) Stecken Sie eine Gabel in die Oberseite des Seitan-
   Laibs und halten Sie es mit einer Hand fest. Verwenden
   Sie eine zweite Gabel, um das Brot in kleine Stücke zu
   zerkleinern und zu zerbröckeln.

c) Bereiten Sie die Sauerrahmsauce vor. Die Margarine in
   einem großen Topf bei mittlerer Hitze schmelzen. Mehl
   mit einem Schneebesen einrühren und 1 Minute kochen
   lassen. Gießen Sie die Gemüsebrühe langsam unter
   ständigem Rühren ein, bis sie glatt ist. 5 Minuten
   kochen lassen und weiter verquirlen, bis die Sauce
   eingedickt ist. Die saure Sahne und die Salsa Verde
   unterrühren und die restlichen Zutaten der Sauce
   unterrühren. Nicht kochen lassen, sondern kochen, bis
   es durchgeheizt ist. Vom Herd nehmen und beiseite
   stellen.

d) Bereiten Sie die Enchiladas vor. Olivenöl in einer
   großen Pfanne bei mittlerer Hitze erhitzen. Fügen Sie
   Zwiebel hinzu und kochen Sie 5 Minuten oder bis

durchscheinend. Fügen Sie Knoblauch und Serrano Chilis hinzu und kochen Sie noch 1 Minute. Geschredderter Seitan, Tomatenmark, Kreuzkümmel, Chilipulver und Salz einrühren. 2 Minuten kochen, dann vom Herd nehmen.

e) Den Backofen auf 350 Grad Fahrenheit vorheizen. Die Tortillas auf einer Pfanne oder in der Mikrowelle erwärmen und mit einem Küchentuch abdecken. 1 Tasse Sauerrahmsauce auf dem Boden einer 5-Liter-Auflaufform verteilen. Stellen Sie eine knappe 1/4 Tasse der zerkleinerten Seitan-Mischung und 1 Esslöffel Daiya auf eine Tortilla. Aufrollen und mit der Naht nach unten in die Auflaufform legen. Wiederholen Sie mit den restlichen Tortillas. Die Enchiladas mit der restlichen Sauerrahmsauce bedecken und mit Daiya bestreuen.

f) Backen Sie Enchiladas 25 Minuten lang oder bis sie sprudeln und leicht gebräunt sind. 10 Minuten abkühlen lassen. Mit 1/2 Tasse gehacktem Koriander bestreuen und servieren.

49. Veganer gefüllter Seitanbraten

Zutaten

    Für den Seitan:

- 4 große Knoblauchzehen
- 350 ml Gemüsebrühe kalt
- 2 EL Sonnenblumenöl
- 1 TL Marmite optional
- 280 g lebenswichtiges Weizengluten

- 3 EL Hefeflocken
- 2 TL süßer Paprika
- 2 TL pflanzliches Brühpulver
- 1 TL frische Rosmarinnadeln
- ½ TL schwarzer Pfeffer

Plus:

- 500 g vegane Rotkohl- und Pilzfüllung
- 300 g würziges Kürbispüree
- Metrik - US-üblich

Anleitung

a) Heizen Sie Ihren Backofen auf 180 ° C vor.
b) Mischen Sie in einer großen Rührschüssel das lebenswichtige Weizengluten, die Nährhefe, das Brühpulver, den Paprika, den Rosmarin und den schwarzen Pfeffer.
c) Mit einem Mixer (Arbeitsplatte oder Eintauchen) Knoblauch, Brühe, Öl und Marmite zusammenblitzen und dann zu den trockenen Zutaten geben.
d) Gut mischen, bis alles eingearbeitet ist, und dann fünf Minuten lang kneten. (Anmerkung 1)
e) Rollen Sie den Seitan auf einem großen Stück Silikon-Backpapier in eine vage rechteckige Form, bis er etwa 1,5 cm dick ist.
f) Reichlich mit dem Kürbispüree bestreichen und dann eine Schicht Kohl- und Pilzfüllung hinzufügen.
g) Rollen Sie den Seitan mit dem Backpapier und beginnend an einem der kurzen Enden vorsichtig in eine Holzform. Versuchen Sie dabei, den Seitan nicht zu dehnen. Drücken Sie die Enden des Seitans zusammen, um sie zu versiegeln.

h) Wickeln Sie den Stamm fest in Aluminiumfolie. Wenn Ihre Folie dünn ist, verwenden Sie zwei oder drei Schichten.

i) (Ich wickle meine wie einen riesigen Toffee ein - und drehe die Enden der Folie fest, um zu verhindern, dass sie sich löst!)

j) Legen Sie den Seitan direkt auf ein Regal in der Mitte des Ofens und kochen Sie ihn zwei Stunden lang. Drehen Sie ihn alle 30 Minuten um, um ein gleichmäßiges Garen und Bräunen zu gewährleisten.

k) Lassen Sie den gefüllten Seitan-Braten nach dem Kochen 20 Minuten in der Verpackung ruhen, bevor Sie ihn in Scheiben schneiden.

l) Servieren Sie mit traditionellem gebratenem Gemüse, Make-Ahead-Pilzsauce und anderen Zutaten, die Sie mögen.

50. Kubanisches Seitan-Sandwich

Zutaten

- Mojo gerösteter Seitan:
- 3/4 Tasse frischer Orangensaft
- 3 Esslöffel frischer Limettensaft
- 3 Esslöffel Olivenöl
- 4 Knoblauchzehen, gehackt
- 1 Teelöffel getrockneter Oregano
- 1/2 Teelöffel gemahlener Kreuzkümmel
- 1/2 Teelöffel Salz
- 1/2 Pfund Seitan, in 1/4-Zoll-dicke Scheiben geschnitten

Zur Montage:

- 4 vegane U-Boot-Sandwich-Brötchen (6 bis 8 Zoll lang) oder 1 weiches veganes italienisches Brot, in der Breite in 4 Stücke geschnitten
- Vegane Butter bei Raumtemperatur oder Olivenöl
- Gelber Senf
- 1 Tasse Brot-und-Butter-Gurkenscheiben 8 Scheiben im Laden gekaufter veganer Schinken
- 8 Scheiben mild schmeckender veganer Käse (amerikanischer oder gelber Käsegeschmack bevorzugt)

Richtungen

a) Seitan vorbereiten: Den Backofen auf 375 ° F vorheizen. Alle Mojo-Zutaten außer dem Seitan in einer 7 x 11 Zoll großen Backform aus Keramik oder Glas verquirlen. Fügen Sie die Seitan-Streifen hinzu und werfen Sie sie, um sie mit der Marinade zu bestreichen. 10 Minuten rösten, dann die Scheiben einmal umdrehen, bis die Ränder leicht gebräunt sind und noch etwas saftige Marinade übrig ist (nicht überbacken!). Aus dem Ofen nehmen und zum Abkühlen beiseite stellen.

b) Sandwiches zusammenstellen: Jede Rolle oder jedes Stück Brot horizontal in zwei Hälften schneiden und beide Hälften großzügig mit der Butter bestreichen oder mit Olivenöl bestreichen. Auf die untere Hälfte jeder Rolle eine dicke Schicht Senf, ein paar Scheiben Gurke, zwei Scheiben Schinken und ein Viertel der Seitanscheiben verteilen und mit zwei Scheiben Käse belegen.

c) Tupfen Sie etwas von der restlichen Marinade auf die Schnittseite der anderen Hälfte der Rolle und legen Sie sie dann auf die untere Hälfte des Sandwichs. Die Außenseiten des Sandwichs mit etwas mehr Olivenöl bestreichen oder mit der Butter bestreichen.

d) Eine 10 bis 12 Zoll große Gusseisenpfanne bei mittlerer Hitze vorheizen. Übertragen Sie vorsichtig zwei Sandwiches in die Pfanne und geben Sie etwas Schweres und Hitzebeständiges darauf, z. B. eine andere gusseiserne Pfanne oder einen Ziegelstein, der mit mehreren Schichten Hochleistungsaluminiumfolie bedeckt ist. Grillen Sie das Sandwich 3 bis 4 Minuten lang und achten Sie dabei sorgfältig darauf, dass das Brot nicht verbrennt. Wenn nötig, senken Sie die Hitze leicht, während das Sandwich kocht.

e) Wenn das Brot geröstet aussieht, entfernen Sie die Pfanne / den Ziegelstein und drehen Sie jedes Sandwich vorsichtig mit einem breiten Spatel um. Drücken Sie erneut mit dem Gewicht und kochen Sie weitere 3 Minuten, bis der Käse heiß und schmelzig ist.

f) Entfernen Sie das Gewicht, übertragen Sie jedes Sandwich auf ein Schneidebrett und schneiden Sie es mit einem gezackten Messer diagonal in Scheiben. Heiß servieren!

FAZIT

Tempeh bietet einen stärkeren nussigen Geschmack und ist dichter und enthält mehr Ballaststoffe und Eiweiß. Seitan ist hinterhältiger als Tempeh, da es aufgrund seines herzhaften Flavos oft als Fleisch übergeht. Als Bonus ist es auch höher in Protein und niedriger in Kohlenhydraten.

Seitan ist das am wenigsten pflanzliche Protein, das die geringste Menge an Zubereitung benötigt. Normalerweise können Sie Fleisch in Rezepten durch Seitan ersetzen, indem Sie es 1: 1 ersetzen. Im Gegensatz zu Fleisch müssen Sie vor dem Essen nicht erhitzen. Eine der besten Möglichkeiten, es zu verwenden, ist als Streusel in einer Nudelsauce.

Wenn es um Tempeh geht, ist es wichtig, gut zu marinieren. Zu den Marinadeoptionen gehören Sojasauce, Limetten- oder Zitronensaft, Kokosmilch, Erdnussbutter, Ahornsirup, Ingwer oder Gewürze. Wenn Sie keine Stunden Zeit haben, um Ihr Tempeh zu marinieren, können Sie es mit Wasser dämpfen, um es aufzuweichen und poröser zu machen.

CPSIA information can be obtained
at www.ICGtesting.com
Printed in the USA
LVHW081606300322
714783LV00002B/150

9 781804 652077